Le C.V. et la lettre de motivation

Autres ouvrages des mêmes auteurs

de Patrick de Sainte Lorette et Jo Marzé

- *L'entretien de motivation*, Eyrolles Pratique, 2ᵉ édition, 2004
- *La lettre de motivation* (spécial étudiant), Éditions d'Organisation, collection « Méthod'sup », 3ᵉ édition), 2006. Traduit en portugais *A carta de candidatura*, publicaçoes europa-américa, colecçao métodos, n°15, 1997
- *L'épreuve d'entretien aux concours*, P.U.F., collection « Major », 6ᵉ édition, 2006
- *Tester et développer sa mémoire*, Eyrolles Pratique, 2004
- *Comment développer sa mémoire*, Éditions d'Organisation, collection « Méthod'sup » (épuisé). Traduit en portugais *Como desenvolver a memoria*, porto editora, coleccao sabe aprender, 1996

de Patrick de Sainte Lorette et Corinne Goetz

- *Faites le bilan de vos compétences*, Eyrolles Pratique, 2006
- *Dans quels métiers pouvez-vous réussir ?*, Éditions d'Organisation, collection « Méthod'sup » (épuisé). Traduit en roumain *Alege profesia care itit aduce succesul*, Rentrop & Straton, 2003

Patrick de Sainte Lorette
Jo Marzé

Le C.V. et la lettre de motivation

Quatrième tirage 2006

EYROLLES

Éditions Eyrolles
61, Bld Saint-Germain
75240 Paris Cedex 05
www.editions-eyrolles.com

Direction de la collection « Eyrolles Pratique » : gheorghi@grigorieff.com
Maquette intérieure et mise en page : M2M
Illustrations : hung

Le code de la propriété intellectuelle du 1er juillet 1992 interdit en effet expressément la photocopie à usage collectif sans autorisation des ayants droit. Or, cette pratique s'est généralisée notamment dans les établissements d'enseignement, provoquant une baisse brutale des achats de livres, au point que la possibilité même pour les auteurs de créer des œuvres nouvelles et de les faire éditer correctement est aujourd'hui menacée.
En application de la loi du 11 mars 1957, il est interdit de reproduire intégralement ou partiellement le présent ouvrage, sur quelque support que ce soit, sans autorisation de l'Éditeur ou du Centre Français d'Exploitation du Droit de Copie, 20, rue des Grands-Augustins, 75006 Paris.

© Groupe Eyrolles, 2001, 2003, ISBN 2-7081-3507-4

Sommaire

Première partie : Le curriculum vitæ (C.V.) 11

Chapitre 1 : La disposition 13

Chapitre 2 : La concision 21

Chapitre 3 : La rationalisation 29

Chapitre 4 : La précision 39

Chapitre 5 : L'orientation 49

Deuxième partie : La lettre de motivation 59

Chapitre 6 : L'adaptation 61

Chapitre 7 : L'argumentation 75

Chapitre 8 : La rédaction 93

Troisième partie : Pour aller plus loin 113

Chapitre 9 : Un exemple complet de réalisation de C.V. et lettre 115

Chapitre 10 : Règles communes au C.V. et à la lettre 129

Chapitre 11 : Tests d'évaluation du C.V. et de la lettre 137

Chapitre 12 : Informations complémentaires sur la recherche d'emploi .. 143

Table des matières 153

Nous dédions ce livre à Brice et Anaïs, Coralie, Sébastien et Olivia, Matias (sans h) et Eva, Aurélien, Damien, Émilien, Marion et Coline, Cédran, Valentin et Alix, Émilie, Ludovic et Nicolas, Prune, Florent et Amandine, Antoine et Pierre, Romain et David, Olivier, Julien et Romain, Franck et Evelyne, Maeva, Clémence et Marion, Zoé et Maxime, Damien, Marine et Amandine, Nicolas et Vanessa, Gwenaelle et Guillaume, Antoine, Baptiste, Marc et Isabelle, Inès et Christian, Frédérique et Baba, Jean-Baptiste et Laurent qui vont entrer dans la vie professionnelle ou y sont depuis peu.

Remerciements

Nous remercions tous ceux qui nous ont permis d'intervenir dans leurs entreprises, administrations ou établissements d'enseignement, pour animer des sessions portant sur les techniques soit de recherche d'emploi, soit d'entretien de motivation, soit d'efficacité personnelle, soit de communication et de relations humaines. Ils ont ainsi contribué à la réalisation de ce guide.

Nous remercions pour les mêmes raisons les centaines de candidats qui, depuis plusieurs années, ont suivi, à IRSEP[1], nos séances d'entraînement individuel de perfectionnement en « recherche d'emploi », « expression orale » et « entretien des concours ».

Nous remercions aussi Chrystelle, Claudette, Corinne et Seb.

Préambule

Vous souhaitez sans doute obtenir des solutions efficaces et rapides.

Vous ne disposez pas de beaucoup de temps pour vous lancer dans une étude et un travail trop compliqués.

Vous appliquez peut-être déjà un certain nombre de techniques et de conseils reçus en matière de recherche d'emploi.

Ce guide en dix chapitres est conçu pour vous permettre d'adapter votre lecture à vos besoins et à vos disponibilités. Vous pourrez vous informer uniquement sur le C.V. ou sur la lettre ou sur certains points seulement. Chaque chapitre est autonome et il n'est pas nécessaire d'avoir lu les chapitres précédents pour le comprendre.

À chaque chapitre, des méthodes différentes, simples et pratiques, sont proposées. Vous pourrez facilement les mettre en œuvre.

Pour illustrer ces méthodes, des exemples adaptés et concrets sont présentés. Vous pourrez y emprunter des idées. Les situations présentées sont variées : homme ou femme, avec ou sans diplôme, débutant ou expérimenté, jeune ou moins jeune.

N'oubliez pas que le recruteur dispose d'un temps très limité à consacrer à la lecture de chaque C.V. et de chaque lettre. Il n'a pas le temps de déchiffrer ou de jouer aux devinettes. Il doit très vite saisir l'essentiel et être intéressé.

Le C.V. et la lettre de motivation

Lors des entraînements à la recherche d'emploi que nous animons[1], de nombreux participants nous ont indiqué qu'ils ne disposaient pas de véritables moyens pour concevoir et élaborer leur C.V. et leur lettre de motivation. En effet, dans les livres consultés, ils n'avaient trouvé bien souvent qu'une énumération d'exemples avec quelques conseils.

Voilà pourquoi nous avons conçu ce livre avec le souci constant, comme dans nos précédents ouvrages portant sur la recherche d'emploi[2], de vous aider à trouver très vite le poste souhaité.

[1] En cours particuliers à IRSEP, Institut des Relations Sociales et de l'Efficacité Personnelle, Paris 16ème (tél. 01 45 24 55 08).

[2] Des mêmes auteurs : *L'entretien de motivation*, Eyrolles Pratique ; *La lettre de motivation*, Éditions d'Organisation.

Première partie
Le curriculum vitæ (C.V.)

Dans ses offres d'emploi, il est très rare qu'une entreprise (ou un travailleur indépendant, un artisan, un commerçant...) ne réclame pas un C.V. Même si vous pratiquez le démarchage direct ou le « porte-à-porte », il vous sera demandé le plus souvent de laisser un C.V. Vous en aurez besoin dans presque toutes vos démarches.

Pour réussir votre C.V., cinq moyens sont fondamentaux :

- la disposition,
- la concision,
- la rationalisation,
- la précision,
- l'orientation.

Chapitre 1
La disposition

La disposition spatiale sur la feuille est un élément très important car elle crée une impression de clarté. Un C.V. manquant de clarté n'attire pas l'œil et ne donne pas envie d'être lu.

Le C.V. et la lettre de motivation

Méthode

Il s'agit de donner l'impression d'un ensemble bien rangé, d'une légèreté graphique. Pour cela, il faut créer une impression de lignes et de colonnes qui facilite la lecture.

Pour attirer l'œil, le travail de rangement est plus efficace que l'utilisation excessive des gras, soulignés, encadrés et autres changements de taille ou de style des caractères d'imprimerie.

Découpez les informations en rubriques

Renforcez le découpage horizontal par la création de rubriques. N'excédez pas 5 rubriques par page pour éviter la saturation.

Sautez des lignes

Renforcez le découpage horizontal par la création d'espaces blancs. Aérez le texte en sautant des lignes pour séparer entre elles les rubriques et les informations développées à l'intérieur des rubriques.

1. La disposition

Créez des retraits différents

Renforcez le découpage vertical par la création de colonnes. Différenciez les retraits par rapport au bord de la feuille. Placez au même niveau de retrait des informations de même nature.

Utilisez différentes options graphiques, sans excès

Jouez sur les encadrés, soulignés, gras, italiques, ombrés, reliefs, styles et tailles des caractères. Toutefois, s'il y a excès, les effets s'annulent, la vision est brouillée, le document est surchargé.

Le C.V. et la lettre de motivation

Exemple

Le premier essai d'Élie Kopter

Élie KOPTER (32 ans)
12, rue Pin - 68120 Richwiller
Tél-fax : 03 00 00 00 00
E-mail : elie.kopter@yahoo.fr

• Prospecteur-enquêteur auprès de responsables d'entreprises de 2000 à 2003 pour **COMACTION**, rue Nationale à Bâle. Démarchage d'entreprises de toutes tailles de la région Alsace-Lorraine. Réalisation d'études sur les pratiques organisationnelles des entreprises de la région.

• Vendeur automobile auprès de particuliers et d'entreprises de 1995 à 1999 pour **GARAGE KIEFFER**, avenue du Canal à Illkirch. Définition du modèle en fonction de la situation du client. Négociation du contrat. Prospection de nouveaux clients.

• Négociateur immobilier auprès de particuliers et d'entreprises de 1991 à 1994 pour **PROMOB S.A.**, boulevard des Vosges, à Colmar. Définition et recherche du bien en fonction de la situation du client. Présentation des offres sélectionnées et négociation du contrat.

• Adjoint administratif de 1989 à 1991 pour **GARAGE KIEFFER**, avenue du Canal à Illkirch. Plannings et logistique. Administration des ventes et relations clientèle.

Langues parlées : allemand (lu, écrit, parlé), alsacien (notions).

1. La disposition

Le C.V. mieux disposé d'Élie Kopter

Élie KOPTER (32 ans)
12, rue Pin
68120 Richwiller
Tél-fax : 03 00 00 00 00
E-mail : elie.kopter@yahoo.fr

OBJECTIF

Rentabiliser 8 ans d'expérience commerciale en assumant
une mission départementale ou régionale
Bonne connaissance économique de la région Est

ACTIVITÉS PROFESSIONNELLES

Prospecteur-enquêteur
auprès de responsables d'entreprises   2000 à 2003   COMACTION à Bâle.

- Démarchage d'entreprises de toutes tailles de la région Alsace-Lorraine.
- Réalisation d'études sur les pratiques organisationnelles des entreprises de la région.

Vendeur automobile
auprès de particuliers et d'entreprises   1995 à 1999   GARAGE KIEFFER à Illkirch.

- Définition du modèle en fonction de la situation du client.
- Négociation du contrat.
- Prospection de nouveaux clients.

Négociateur immobilier
auprès de particuliers et d'entreprises   1991 à 1994   PROMOB S.A. à Colmar.

- Définition et recherche du bien en fonction de la situation du client.
- Présentation des offres sélectionnées et négociation du contrat.

Adjoint administratif
1989 à 1991   GARAGE KIEFFER à Illkirch.

- Plannings et logistique.
- Administration des ventes et relations clientèle.

LANGUES

- Allemand :   lu, écrit, parlé
- Alsacien :   notions

Le C.V. et la lettre de motivation

Comparaison des deux C.V. d'Élie Kopter

1° - Découpez les informations en rubriques

Dans le 2ème C.V., les rubriques ont été mentionnées. Une 3ème rubrique intitulée « Objectif » a été créée.

2° - Sautez des lignes

Dans le 2ème C.V., les espaces entre et à l'intérieur des rubriques rendent plus agréable la lecture du texte. L'impression de « pavés » et de « couches successives » des divers paragraphes du 1er C.V. a disparu.

3° - Créez des retraits différents

Pour créer une impression de colonnes dans le 2ème C.V., six retraits différents ont été effectués et correspondent à des informations de même nature.

4° - Utilisez différentes options graphiques

Dans le 2ème C.V., les gras, les majuscules, les textes centrés ont été bien utilisés et facilitent la lecture. À l'inverse, dans le 1er C.V., les différents caractères utilisés pour les entreprises brouillent la lecture et surchargent inutilement le document.

Chapitre 2
La concision

Il faut éviter de lasser le lecteur par des informations insignifiantes. C'est pourquoi il est nécessaire de sélectionner uniquement les informations les plus utiles.

Le C.V. et la lettre de motivation

Méthode

Il s'agit de ne retenir que les faits les plus importants, de privilégier l'essentiel, d'aérer le document.

Supprimez les indications superflues

Retirez les informations qui encombrent le C.V., celles qui sont sans lien direct avec le poste sollicité, inintéressantes.

Supprimez les répétitions inutiles

Évitez les répétitions inutiles sur le fond ou sur la forme : citation d'une entreprise ou d'une activité répétée dix fois. Outre l'encombrement du C.V., ces répétitions risquent de lasser le lecteur. Si vous souhaitez renforcer une information, faites-le soit dans la lettre de motivation, soit lors de l'entretien.

2. La concision

Regroupez les informations semblables

Réunissez les informations identiques ou qui se ressemblent.

Condensez les informations

Évitez les phrases trop longues, les énumérations excessives. Réduisez vos phrases à l'essentiel. Utilisez si nécessaire un style télégraphique.

Ne développez pas les informations accessoires

Ces informations secondaires pourront être développées lors de l'entretien.

Le C.V. et la lettre de motivation

Exemple

Le premier C.V. d'Alain Provist

CURRICULUM VITAE

NOM ET PRÉNOM : **PROVIST** Alain
ADRESSE : 3, allée Gory
78800 Houilles
Port : 06.00.00.00.00
Mél : alain@provist.com

Date de naissance : 18 janvier 1976
Lieu de naissance : Marseille

Célibataire
Permis B

EXPÉRIENCES PROFESSIONNELLES

mai 2001 à juin 2003 - MARIO.NET (à Pantin)
• En tant que chargé de communication - webmaster, je m'occupe de la mise en place du site Internet, de la réalisation graphique, de la création du logo de la société et de sa communication interne (http://www.mario.net).

novembre 2000 à ce jour
• En tant que maquettiste-infographiste, j'effectue la réalisation graphique et la mise en page de supports commerciaux pour les entreprises (plaquettes, cartes commerciales, sites Internet...).

octobre 1999 à novembre 2000 - PUBLICATIONS WEB
• En tant qu'administrateur de site Internet, je me suis occupé de la mise en place du site sur Internet, de la réalisation graphique, de la création du logo de la société et de la mise en forme des pages personnelles des auteurs.
• En tant que responsable éditorial sur Internet, j'ai effectué le suivi commercial et administratif des auteurs qui souhaitaient être publiés sur Internet et se faire connaître des maisons d'éditions.
• En tant que responsable diffusion sur Internet, j'ai effectué le suivi commercial et administratif des auteurs qui souhaitaient être diffusés sur Internet et se faire connaître sur le réseau mondial. À cet effet, j'ai utilisé les moyens de promotions et de prospections traditionnels et interactifs, réalisé des partenariats auprès d'entreprises qui diffusent les ouvrages sur un autre support (PDA, WAP, e-book).

octobre 1998 à septembre 1999 - PUBLICATIONS WEB
• En tant que maquettiste-infographiste, j'ai réalisé la mise en page et la couverture d'ouvrages littéraires, effectué le suivi auteurs/fabrication de la maquette au produit final. J'ai également élaboré la charte graphique pour la création du catalogue société.

juin, juillet 1998 – CNRS
• En tant que concepteur-designer de sites web, j'ai effectué la réalisation de la charte graphique, la mise en page, la création de logos, l'installation sur le serveur des sites web des différents départements scientifiques.

FORMATION

1996-1998 - ÉPATE - École privée d'administration et techniques d'entreprises - BTS Communication des entreprises - (diplôme non obtenu)

DIVERS

LANGUES
OUTILS INFORMATIQUES (Mac-PC)
LOISIRS

Anglais : courant ; Espagnol : scolaire
QuarkXPress, Photoshop, Illustrator, Golive, logiciels usuels
Internet, parapente, football

2. La concision

Le C.V. plus concis d'Alain Provist

Alain PROVIST
3, allée Gory
78800 Houilles
Port : 06.00.00.00.00
Mél : alain@provist.com
27 ans, célibataire, permis B

> Mise en place de site internet, réalisations graphiques,
> création de logos et de supports commerciaux

EXPÉRIENCES PROFESSIONNELLES

2001 - 2003	MARIO.NET	**Chargé de communication, webmaster** Mise en page du site internet, réalisations graphiques, création du logo et de la communication interne de la société
depuis 2000	(Vacations diverses)	**Maquettiste, infographiste** Mise en page de supports commerciaux (plaquettes, cartes...)
1998 - 2000	PUBLICATIONS WEB	**Administrateur de site internet, responsable éditorial** Suivi commercial et administratif des auteurs Réalisation de partenariat avec des diffuseurs sur autres supports Conception des mises en page et couvertures d'ouvrages littéraires Élaboration de la charte graphique pour la création du catalogue
1998 (2 mois)	CNRS	**Concepteur, designer de sites web** Installation sur le serveur des sites web des différents départements

DIVERS

OUTILS INFORMATIQUES (Mac-PC)	QuarkXPress Golive	Photoshop Logiciels usuels	Illustrator
LANGUES	Anglais : courant	Espagnol : scolaire	
FORMATION	Niveau BTS Communication des entreprises préparé à l'ÉPATE 1996-1998		
LOISIRS	Internet	Parapente	Football

Le C.V. et la lettre de motivation

Comparaison des deux C.V. d'Alain Provist

1° - Supprimez les indications superflues

Dans le 2ème C.V. des indications inutiles ont été supprimées. Notamment les mentions « curriculum vitae », « nom et prénom », « adresse », « date de naissance », « lieu de naissance ».

2° - Supprimez les répétitions inutiles

Dans le 2ème C.V., des phrases entières répétitives ont été supprimées. Par exemple : « en tant que » ou « j'ai effectué le suivi commercial et administratif des auteurs qui souhaitaient… »

3° - Regroupez les informations semblables

Dans le 2ème C.V., les mêmes informations sur la mise en place du site internet, la réalisation graphique, la création du logo et des supports commerciaux ont été regroupées dans un encadré en haut.

4° - Condensez les informations

Les phrases complètes du 1er C.V. ont toutes été réduites à quelques mots.

5° - Ne développez pas les informations accessoires

Le 2ème C.V. a été réduit à deux rubriques pour ne pas faire ressortir une rubrique « Formation » qui ne met pas en valeur le candidat (nota bene : « Diplôme non obtenu » est sincère mais maladroit).

L'adresse du site de Mario.net est accessoire et a été abandonnée dans la 2ème version du C.V.

Chapitre 3
La rationalisation

Il faut faciliter la compréhension du lecteur par une présentation logique.

Le C.V. et la lettre de motivation

Méthode

Il s'agit de réserver le même traitement aux informations de même nature, d'être cohérent.

Choisissez un seul ordre chronologique

Commencez soit par les faits les plus récents pour terminer par les plus anciens, soit par les fait les plus anciens pour terminer par les plus récents. Respectez cet ordre pour tout le C.V.

Utilisez un style rédactionnel unique

Le style condensé est moins contraignant et dévoreur d'espace. Mais vous pouvez utiliser un style plus élaboré. Ne mélangez pas les différents styles dans un même C.V.

3. La rationalisation

Réservez la même place aux informations de même nature

Ce conseil concerne la composition des paragraphes, des lignes...

Utilisez des mots de même nature pour des informations comparables

Verbes conjugués ou à l'infinitif...

Donnez les mêmes détails de renseignements pour ce qui est comparable

Établissements, emplois, études...

Utilisez les mêmes options graphiques pour les informations de même type

Encadrés, gras, italiques, majuscules, reliefs, ombrés, soulignés...

Le C.V. et la lettre de motivation

Exemple

Le premier C.V. de Mehdi Kaman

Mehdi KAMAN (20 ans)

5, place Ébaut
31310 LATRAPE
Port : 06.00.00.00.01
mkaman@aol.com

FORMATION

Bac Pro Restauration 2002
<ins>Option cuisine</ins>
Étude de :
La technologie professionnelle,
Culture générale,
Langue vivante.

L.E.P. d'AGEN

    1999   BEPC

Collège François RABELAIS
à VILLENEUVE-SUR-LOT

Stage d'application   2002

Restaurant **La TOUR d'agen**
à Agen
Ce stage m'a permis d'effectuer
plusieurs réalisations pratiques
et d'avoir un travail personnel
dont j'étais responsable

LANGUES

Espagnol :   Bon niveau, plusieurs séjours en Espagne

LOISIRS

Course à pied
Handball : Pratiqué moins sérieusement

3. La rationalisation

Le C.V. plus rationnel de Mehdi Kaman

Mehdi KAMAN (20 ans)

5, place Ébaut
31310 LATRAPE
Port :06.00.00.00.01
mkaman@aol.com

FORMATION

2002	**Bac Pro Restauration**	
	<u>Option cuisine</u>	
	Études de :	
		Technologie professionnelle,
		Culture générale,
		Langue vivante.
		Lycée d'enseignement professionnel
		Gustave Eiffel à Agen
2002	**Stage d'application**	
	<u>Cuisine française traditionnelle</u>	
	Réalisations pratiques de :	
		Certaines sauces,
		Présentations de hors-d'œuvres,
		Découpes de légumes.
		Restaurant La Tour d'Agen
		à Agen
1999	**BEPC**	
		Collège François Rabelais
		à Villeneuve-sur-Lot

LANGUES

Espagnol : Bon niveau, plusieurs séjours en Espagne

LOISIRS

Course à pied : Pratiqué régulièrement
Handball : Pratiqué pendant les vacances

Le C.V. et la lettre de motivation

Comparaison des deux C.V. de Mehdi Kaman

1° - Choisissez un seul ordre chronologique

Le BEPC a été relégué à la suite du stage. La chronologie est respectée. En outre, les deux formations, théorique et pratique, apparaissent mieux l'une sous l'autre.

2° - Utilisez un style rédactionnel unique

Le stage a été développé dans le même style simplifié que les études. Dans le 1er C.V., il était traité à la première personne du singulier alors que ce style n'était pas utilisé par ailleurs.

3° - Réservez la même place aux informations de même nature

Des alignements verticaux sont utilisés dans les deux C.V. mais, dans le 2ème C.V., les informations de même nature (rubriques, dates...) sont alignées.

4° - Utilisez des mots de même nature pour des informations comparables

Dans le 2ème C.V., les trois matières étudiées ont été listées sans article. Il était possible de les lister toutes trois avec un article, mais pas une seule des trois comme dans le 1er C.V.

Dans le 1er C.V., le nom du L.E.P. (Gustave Eiffel) n'était pas indiqué alors que celui du lycée était mentionné, le mot « Collège » était indiqué en toutes lettres alors que celui de « Lycée » ne l'était pas. Dans le 2ème C.V., ces différences ont été rectifiées. Toutefois les indications portant sur le nom et l'adresse des établissements scolaires auraient pu être supprimées à la fois pour le lycée et le collège.

3. La rationalisation

5° - Donnez les mêmes détails de renseignements pour ce qui est comparable

Dans le 1er C.V., la course à pied ne bénéficiait d'aucun commentaire contrairement au handball. La précision sur la pratique des deux sports fait disparaître « moins sérieusement » et son effet négatif.

Dans le 2ème C.V., l'expérience acquise lors du stage a été détaillée dans le même esprit et selon le même modèle que les études.

6° - Utilisez les mêmes options graphiques pour les informations de même type

« Cuisine française traditionnelle » a été souligné comme l'avait été son équivalent « option cuisine » au paragraphe « Bac pro ». « La Tour d'Agen » est indiquée dans les mêmes caractères que les autres établissements cités.

Chapitre 4
La précision

La précision est un élément qui traduit notamment la franchise, l'honnêteté. Un C.V. manquant de précision intrigue et maintient le recruteur dans le doute.

Le C.V. et la lettre de motivation

Méthode

Il s'agit de donner sincèrement les précisions attendues et nécessaires.

Commentez suffisamment

Facilitez la compréhension du recruteur en lui fournissant suffisamment d'informations sur la fonction, l'entreprise, le lieu, la mission, la durée, la période... N'enjolivez pas le contenu de vos missions ou la durée de vos stages.

Indiquez le niveau pour chaque langue pratiquée

Précisez lu, écrit, parlé, excellent, bon, moyen, notions, compris, débutant, scolaire, usuel, courant, professionnel, titulaire de tel diplôme, etc. Ne surévaluez pas votre niveau qui sera facile à vérifier.

Mettez une photo si elle est exigée ou si elle vous est favorable

Pour certaines professions, une photo peut être exigée.

Si elle n'est pas expressément demandée, il n'est pas indispensable de joindre une photo, surtout si vous vous considérez peu photogénique.

Si vous décidez d'en mettre une, choisissez une photo d'identité (visage uniquement), de bonne qualité (sans contre-jour ou flou), récente et surtout qui exprime avantageusement votre personnalité. Collez la photo (ne l'agrafez pas) dans le coin supérieur droit du C.V. Certains photographes professionnels fournissent des photos d'identité adhésives.

4. La précision

N'induisez pas en erreur sur vos diplômes

Si vous avez préparé un diplôme sans l'avoir obtenu, ne laissez pas sous-entendre que vous l'avez. Mais vous pouvez mentionner votre niveau, par exemple « niveau bac ». Si vous avez effectué, après le bac, deux fois une première année en fac sans obtenir votre passage en 2ème année, n'écrivez pas que vous avez « bac + 2 » ni même « niveau bac + 2 ».

Si vous avez obtenu une mention « honorable », vous pouvez l'indiquer. Mais ne précisez pas si vous avez obtenu la mention « passable ».

Ne cachez pas systématiquement un changement d'orientation

En cas de changement d'orientation, prévoyez les explications à fournir lors de l'entretien. Essayez de « positiver » ce changement d'orientation au lieu de le laisser percevoir comme un échec. Ne cherchez pas nécessairement à le dissimuler.

Spécifiez votre nationalité dans certains cas

Spécifiez la nationalité si votre nationalité est étrangère ou si votre nationalité est française avec un nom à consonance étrangère.

Le C.V. et la lettre de motivation

Exemple

Le premier C.V. d'Anna Venlamüjic

VENLAMÜJIC Anna
6, rue Rémi Fassol
95270 LASSY
Mobile : 06 06 06 06 06
Email : avenlamujic@hotmail.com
Née le 2 novembre 1981

FORMATION

- **2003** : Deuxième année B.T.S tourisme option ventes et productions touristiques (classique)
- **2002** : Première année B.T.S tourisme option ventes et productions touristiques en alternance (agence de voyages)
- **2001** : Obtention du diplôme d'hôtesse (mention bien) à l'E.F.H.T - PARIS
- **2001** : Préparation au diplôme de la Chambre de Commerce et d'Industrie Franco-Britannique (Travel & Tourism)
- **2000** : Première année de DEUG d'Histoire
- **1999** : Baccalauréat littéraire
- **1996** : Brevet des collèges

LANGUES

Anglais, Espagnol, Russe, Serbo-croate

INFORMATIQUE

Word & Excel (Microsoft), **Amadeus & IGA**

STAGES

- **Février 2003** (3 semaines) Stage production dans la société ATONTOUR.
- **Juin 2001** (14 jours) Internationaux de France de tennis « ROLAND GARROS ».
- **Avril 2001** (1 jour) Colloque SNAPEI (Salons de l'Aveyron) .
  (2 Jours) Hôtesse d'accueil sur AÉROSALON.
- **Mars 2001** (5 jours) Hôtesse d'accueil au « Salon Thermalies ».
- **Février 2001** (15 jours) Hôtesse d'accueil dans la Société « CARTIER INTERNATIONAL ».
- **Janvier 2001** (3 jours) Hôtesse d'accueil au « Salon du Mariage ».
- **Décembre 2000** (4 jours) Hôtesse d'accueil au Congrès Mondial de l'association dentaire française.
  (1 jour) Hôtesse d'accueil au colloque d'International Chamber of Commerce.
- **Novembre 2000** (5 jours) Hôtesse d'accueil au « Salon de l'Éducation ».
  (2 jours) Hôtesse d'accueil au « Salon de l' Emballage ».
  (2 jours) Symposium du mieux-être.

EXPERIENCES PROFESSIONNELLES

- **2002-2003** : Hôtesse de table au « AU RIZ QUI CUIT »
- **2001** : Hôtesse de table au « AU RIZ QUI CUIT »
- **2000** : (6 mois) Hôtesse de table au « AU RIZ QUI CUIT »

DIVERS

Passionnée de voyages, nombreuses connaissances sur le monde du tourisme.
Golf, Ping-Pong. Danse classique et danse moderne. Préparation du permis B.

4. La précision

Le C.V. plus précis d'Anna Venlamüjic

VENLAMÜJIC Anna
6, rue Rémi Fassol
95270 LASSY
Mobile : 06 06 06 06 06
Email : avenlamujic@hotmail.com
Née le 2 novembre 1981 - 22 ans
Nationalité : française

| Photo d'identité d'Anna |

FORMATION

- **2003** : Obtention du diplôme de B.T.S tourisme option ventes et productions touristiques (1ère année en alternance)
- **2001** : Obtention du diplôme d'hôtesse (mention bien) à l'École Française d'Hôtesses et de Tourisme (E.F.H.T. Paris)
- **2000** : Première année de DEUG d'Histoire
- **1999** : Baccalauréat littéraire

LANGUES

Anglais   : lu, parlé, écrit
Espagnol   : bon niveau
Russe   : bonnes notions
Serbo-croate : courant

INFORMATIQUE

Word & Excel (Microsoft), **Amadeus & IGA**

STAGES

Février 2003	3 semaines	Stage de production dans la société ATONTOUR (tour operator)
Juin 2001	14 jours	Hôtesse aux internationaux de France de tennis à ROLAND GARROS
Avril 2001	1 jour	Hôtesse au colloque SNAPEI (salon de l'Aveyron)
	2 Jours	Hôtesse d'accueil sur AÉROSALON
Mars 2001	5 jours	Hôtesse d'accueil au SALON THERMALIES
	4 jours	Hôtesse d'accueil au SALON MEDEC 2001
Février 2001	15 jours	Hôtesse d'accueil à la société CARTIER INTERNATIONAL
Janvier 2001	3 jours	Hôtesse d'accueil au SALON DU MARIAGE
Décembre 2000	4 jours	Hôtesse d'accueil au Congrès Mondial de l'ASSOCIATION DENTAIRE FRANÇAISE
	1 jour	Hôtesse d'accueil au colloque d'INTERNATIONAL CHAMBER OF COMMERCE
Novembre 2000	5 jours	Hôtesse d'accueil au SALON DE l'ÉDUCATION
	2 jours	Hôtesse d'accueil au SALON DE l'EMBALLAGE
	2 jours	Hôtesse au SYMPOSIUM DU MIEUX-ÊTRE

EXPÉRIENCES PROFESSIONNELLES

2000-2003	3 ans	Hôtesse de table au restaurant AU RIZ QUI CUIT (à temps partiel)

DIVERS

Passionnée de voyages, nombreuses connaissances sur le monde du tourisme.
Danse classique (8 ans) et danse moderne (2 ans).
Golf, tennis de table.

Le C.V. et la lettre de motivation

Comparaison des deux C.V. d'Anna Venlamüjic

1° - Commentez suffisamment

À juste titre, Anna a notamment précisé dans son 2ème C.V. :

- ce que signifiait le sigle EFHT,
- l'activité de la société ATONTOUR qui n'est pas nécessairement connue du recruteur,
- sa fonction dans les divers colloques,
- le nom du sport « tennis de table » en remplacement du mot ping-pong,
- ses nombreuses connaissances sur le monde du tourisme qui devront être prouvées lors de l'entretien,
- la mention « restaurant » et la durée globale de ses activités d'hôtesse de table (dans la 1ère version, certaines durées étaient mentionnées et d'autres ne l'étaient pas),
- la durée de ses activités de danse,
- son âge (22 ans) en sus de sa date de naissance.

2° - Nuancez votre niveau pour chaque langue

Les niveaux sont précisés dans le 2ème C.V., ce qui est souhaitable surtout pour une profession dans le secteur du tourisme.

3° - Mettez une photo si elle est exigée ou si elle vous est favorable

Anna disposant d'une jolie photo estime qu'il est préférable de l'inclure dans son 2ème C.V., d'autant plus que le physique est assez important pour son type de profession.

4. La précision

4° - N'induisez pas en erreur sur vos diplômes

Il est nécessaire de préciser l'obtention du diplôme de BTS tourisme. La 1ère version sous-entendait que le diplôme avait été préparé sans être obtenu.

La mention « bien » dans le 2ème C.V. pour l'obtention du diplôme d'hôtesse est également souhaitable.

Par contre, la mention du brevet des collèges de la 1ère version n'est pas nécessaire, puisque le bac a été obtenu ultérieurement. Il en est de même pour la 1ère année de BTS Tourisme.

Le diplôme de la chambre de commerce et d'industrie n'ayant pas été obtenu, il n'est pas indispensable de le mentionner. De même pour la préparation au permis B qui est en cours.

5° - Ne cachez pas systématiquement un changement d'orientation

Anna a bien fait de mentionner dans le 2ème C.V. son année de préparation au DEUG d'Histoire, d'autant plus que ces études sont utiles pour le secteur du tourisme. L'absence d'information sur l'année 1999/2000 aurait suscité des interrogations.

6° - Spécifiez votre nationalité dans certains cas

Anna ayant la nationalité française avec un nom à consonance étrangère, a eu raison de préciser sa nationalité sur son 2ème C.V.

Chapitre 5
L'orientation

Certains cursus universitaires et certains parcours professionnels ne dégagent pas un profil particulier ou au contraire en dégagent plusieurs. Pour le recruteur, il est alors difficile de se faire une idée. Pour lui faciliter la tâche, il faut donc orienter son C.V. ou ses C.V. en fonction du poste recherché.

Le C.V. et la lettre de motivation

Méthode

Il s'agit ici de gérer ses atouts de façon à évoquer un profil professionnel correspondant au poste recherché. Ce profil doit apparaître dès le survol général du CV.

Définissez-vous en quelques mots

Définissez-vous en une petite locution par rapport au poste recherché, par exemple : « Dessinateur en mécanique automobile breveté ». Ou synthétisez vos principales compétences. Mettez cela en valeur en haut de votre C.V.

Placez vos meilleurs atouts en priorité

Confortez vos points forts en les mentionnant à des endroits privilégiés : en début de C.V., en début de rubrique, en début de paragraphe.

5. L'orientation

Hiérarchisez vos qualifications

Commencez par les expériences ou savoirs les plus utiles pour le poste recherché. Terminez par les moins utiles.

Renforcez votre spécialisation

Citez plus d'arguments au titre de la spécialisation que des autres activités. Distinguez-les. Mettez moins en avant les autres expériences. Le lecteur ne doit pas douter de la qualification dominante. En cas de double qualification, il est nécessaire d'établir deux C.V. orientés différemment.

Le C.V. et la lettre de motivation

Exemple

Le C.V. de Marie Navoil

Marie NAVOIL
11, boulevard Eck
56000 Vannes

05.00.00.00.00
06.00.00.00.00
m.navoil@noos.fr

1991 / 2003	Secrétaire commerciale - Cabinet TANGAGE Immobilier, Gestion, administration de biens, syndic de copropriétés
	Accueil, téléphone, renseignements. Rédaction de courriers. Préparation et comptes rendus d'assemblées générales. Mise sous forme de statuts, baux commerciaux, approbation de comptes. Présences, congés, maladie, RTT. Recherches sur Internet.
1980 / 1990	Secrétaire / Aide-Comptable - SEPAGRAV Imprimerie / Photogravure
	Gestion des appels téléphoniques. Rédaction de courriers. Facturation. Suivi des comptes clients, enregistrement des règlements et relances. Mise sous forme des dossiers d'appels d'offres. Mise sous forme des devis. Recherches sur Internet. Suivi des comptes fournisseurs et règlements. Tenue de la comptabilité générale : grand livre, banque, trésorerie, TVA. Suivi des comptes, pointages. Opérations de paye. Suivi et relance des devis proposés. Présences, congés, maladie, RTT. Rédaction de tout certificat et attestation. Commande des fournitures de bureau.

Maîtrise de logiciels informatiques

Word XP, Excel, CIEL (Compta, Gestion commerciale, Paye)

Diplômée U.P.D., U.S.A.C. et U.P.C.

1978	Brevet des collèges
1979	Brevet d'union professionnelle de dactylographie
1979	BEP CAS (Communication administrative et secrétariat)
1979	CAP ESAC (Employé des services administratifs et commerciaux)
1980	Brevet d'union professionnelle de comptabilité 1er et 2ème degrés

5. L'orientation

Le C.V. orienté comptable de Marie Navoil

Marie NAVOIL
11, boulevard Eck
56000 Vannes

05.00.00.00.00
06.00.00.00.00
m.navoil@noos.fr

SECRÉTAIRE COMPTABLE - 40 ANS

Compétences professionnelles

Comptabilité	Toutes saisies comptables Tenue des grands livres, pointage trésorerie, rapprochements bancaires Calcul et vérification de la TVA Facturation des clients Suivi des comptes clients, relances et enregistrements des règlements Suivi des comptes fournisseurs et des règlements Préparation des éléments de paye Gestion et commande des fournitures de bureau
Secrétariat	Rédaction des courriers, frappes, archivages Gestion des visites et des appels téléphoniques Gestion des devis, relances Recherches sur Internet Mise sous forme de dossiers d'appels d'offres
Informatique	Ciel Compta, Ciel Paye, Ciel Gestion Commerciale, Word XP, Excel

Fonctions exercées

Comptabilité	10 ans	1980/1990	Secrétaire aide-comptable à Sepagrav (imprimerie, photogravure)
Secrétariat	12 ans	1991/2003	Secrétaire commerciale à Cabinet Tangage (immobilier)

Diplômes

Secrétariat	1979	Brevet de l'union professionnelle de dactylographie BEP CAS (communication administrative et secrétariat) CAP ESAC (employé des services administratifs et commerciaux)
Comptabilité	1980	Brevet de l'union professionnelle de comptabilité 1er et 2ème degrés

Le C.V. et la lettre de motivation

Le C.V. orienté commercial de Marie Navoil

Marie NAVOIL
11, boulevard Eck
56000 Vannes

05.00.00.00.00
06.00.00.00.00
m.navoil@noos.fr

SECRÉTAIRE COMMERCIALE - 40 ANS

12 ans d'expérience du secrétariat commercial

Compétences professionnelles

Secrétariat commercial	Suivi des relations clients Accueil téléphonique, renseignements commerciaux, orientation, prise de messages Prospections et études du marché sur Internet Mise sous forme de dossiers d'appels d'offres Suivi et relance des dossiers proposés Rédaction de courriers commerciaux et administratifs Facturation des clients Suivi des comptes clients, relances et enregistrements des règlements Mise sous forme des devis
Tenue de la comptabilité	Préparation, saisies, calculs, vérifications...
Informatique	Ciel Gestion Commerciale, Word XP, Excel, Ciel Compta, Ciel Paye

Fonctions exercées

Secrétaire commerciale	12 ans	1991/2003	Cabinet Tangage (immobilier)
Secrétaire aide-comptable	10 ans	1980/1990	Secrétaire aide-comptable à Sepagrav (imprimerie, photogravure)

Diplômes

Comptabilité	1980	Brevet de l'union professionnelle de comptabilité 1er et 2ème degrés
Secrétariat	1979	Brevet de l'union professionnelle de dactylographie BEP CAS (communication administrative et secrétariat) CAP ESAC (employé des services administratifs et commerciaux)

5. L'orientation

Comparaison des trois C.V. de Marie Navoil

1° - Définissez-vous en quelques mots

Dans le 1er C.V., l'orientation de la recherche n'est pas bien précisée, parce qu'en fait Marie souhaite trouver un travail quel qu'il soit, compte-tenu de son âge... Dans ce cas, Marie a tout intérêt à rédiger deux C.V. distincts en précisant le poste recherché. C'est ce qu'elle réalise dans son 2ème C.V. orienté comptable et dans son 3ème C.V. orienté commercial.

2° - Placez vos meilleurs atouts en priorité

Dans le 2ème C.V., les points forts concernant la comptabilité sont placés au début : dans les compétences professionnelles et dans les fonctions exercées, la comptabilité est placée avant le secrétariat. Pour l'informatique, Ciel compta et Ciel paye sont placés d'abord.

Dans le 3ème C.V., les points forts concernant le secrétariat commercial sont placés au début : dans les compétences professionnelles et dans les fonctions exercées, le secrétariat commercial est placé en premier. Pour l'informatique, Ciel Gestion commerciale est placé d'abord.

3° - Hiérarchisez vos qualifications

Dans les compétences professionnelles des 2ème et 3ème C.V., les connaissances les plus utiles pour le poste recherché ont été placées au début. Ainsi, en comptabilité, « toutes saisies comptables » est plus important que « gestion et commande des fournitures de bureau ». En secrétariat commercial « suivi des relations clients » est plus important que « mise sous forme des devis ».

Le C.V. et la lettre de motivation

4° - Renforcez votre spécialisation

La plupart des arguments sont cités en vue de la spécialisation. Dans le 2ème C.V., il y a huit lignes de compétences en comptabilité et cinq lignes en secrétariat. Dans le 3ème C.V., il y a neuf lignes de compétences en secrétariat commercial et une seule ligne pour les autres fonctions.

Deuxième partie
La lettre de motivation

La lettre de motivation, exigée la plupart du temps, est un élément essentiel.

Destinée à exprimer librement les intentions du candidat, la lettre est plus personnalisée que le C.V.

Pour réussir votre lettre de motivation, trois moyens sont fondamentaux :

- l'adaptation,
- l'argumentation,
- la rédaction.

Chapitre 6
L'adaptation

Destinée à exprimer librement les intentions personnelles du candidat, avec moins de contrainte de fond et de forme que le C.V., la lettre a pour objectif d'inciter le recruteur à rencontrer le candidat.

Une bonne lettre doit répondre de façon efficace aux préoccupations du recruteur. Elle doit fournir des réponses satisfaisantes aux questions que tout recruteur se pose :

- « Puis-je me fier à ce candidat ? »

- « Qu'est-ce que ce candidat m'apporte de plus ? »

Des réponses décevantes à ces questions auraient un effet dissuasif.

Le C.V. et la lettre de motivation

Les préoccupations du recruteur

Pour bien communiquer, il faut voir les choses du point de vue de l'interlocuteur. Nous allons tenir compte ici des préoccupations du recruteur.

L'intégration dans une entreprise marque le début d'une collaboration. Le recruteur la souhaite fructueuse. Il espère trouver un bon partenaire.

C'est pourquoi il cherche des garanties sur les qualités réelles du candidat. Est-il à la hauteur de ses affirmations ? de ses prétentions ? Est-il digne de confiance ? Il craint de se tromper de partenaire.

Ses craintes sont d'ailleurs souvent plus fortes que ses attentes.

Les craintes du recruteur

Les craintes du recruteur se manifestent dans une question essentielle :

- *Puis-je me fier à ce candidat ?*

Il en découle plusieurs autres :

- *Le candidat correspond-il au profil recherché ?*
- *Ses arguments sont-ils probants ?*
- *Sa formation répond-elle au poste proposé ?*
- *A-t-il des références solides ?*
- *Risque-t-il de quitter l'entreprise prochainement ?*
- *Le poste proposé correspond-il réellement à ce qu'il recherche ?*
- *Quelles sont ses qualités pour le poste ?*
- *Etc.*

6. L'adaptation

Les attentes du recruteur

Les attentes du recruteur sont résumées dans une question principale :
- *Qu'est-ce que le candidat m'apporte de plus ?*

Il en découle plusieurs autres :
- *Qu'est-ce que le candidat m'apporte de différent ?*
- *Compte-t-il des réalisations à son actif ?*
- *A-t-il concrétisé ses connaissances par des travaux particuliers ?*
- *Qu'a-t-il réalisé de marquant ?*
- *Est-il souple ? disponible ?*
- *Etc.*

Les réponses aux préoccupations du recruteur

Pour le candidat, le constat précédent ouvre deux directions de recherche.
- *Qu'est-ce qui pourrait atténuer les craintes du recruteur ?*
- *Qu'est-ce qui pourrait éveiller les attentes du recruteur ?*

La lettre qui apporte des réponses satisfaisantes à ces deux préoccupations gagne en efficacité.

Pour vous aider à trouver des éléments de réponse, voici une méthode qui exploite les grands thèmes auxquels vous pouvez faire référence.

Le C.V. et la lettre de motivation

Les atouts sécurisants

Ils répondent aux craintes du recruteur.

Voici des questions qui peuvent préoccuper le recruteur en fonction des différentes situations. Elles sont formulées de telle sorte qu'elles vous permettent d'inscrire vos réponses.

La méthode est simple. À partir de chaque question posée, vous analysez votre cas personnel. Chaque fois qu'une idée vous apparaît, vous la notez succinctement dans la partie réservée à cet usage. Il est inutile, à ce stade, de détailler.

Notez vos réponses ci-dessous

Quel est mon niveau de formation ?
- diplômes ? .... - équivalences ? ....
- mentions ? .... - classement ? ....

Quelles sont mes références professionnelles ?
- précédents emplois ? ....
- jobs effectués ? .... - stages réalisés ? ....

Quels niveaux de responsabilité ai-je assumés ?
- moyens en personnel ? .... - moyens budgétaires ? ....
- secteur géographique ? .... - fonction dans l'organigramme ? ....

Ai-je atteint les objectifs qui m'avaient été fixés ?
- lesquels ? ....
- les objectifs ont-ils été dépassés ? ....
- les objectifs ont-ils été atteints plus rapidement que prévu ? ....

6. L'adaptation

Quelles sont mes qualités pour le poste proposé ?
- combativité ? .... - persévérance ? ....
- disponibilité ? .... - sens de l'organisation ? ....
- sens du travail en équipe ? .... - goût pour les tâches concrètes ? ....
- autres qualités : ....

Quelles réalisations particulièrement marquantes ai-je menées à leur terme ?
- lesquelles ? ....
- comment ? ....

Suis-je familiarisé avec les méthodes de travail pratiquées dans l'entreprise ?
- pourquoi ? ....
- dans quel cas ? ....

Ajoutez ci-dessous d'autres questions et leurs réponses

- ....
- ....
- ....
- ....
- ....
- ....
- ....
- ....
- ....
- ....
- ....
- ....
- ....
- ....

Le C.V. et la lettre de motivation

Les atouts originaux

Ils ont pour objectif de vous distinguer des autres candidats de même niveau. Ils visent les espérances du recruteur. Vous utilisez la même méthode que précédemment.

Notez vos réponses ci-dessous

Ai-je une expérience professionnelle ? ....
- dans le poste ? (ou similaire ?)..
- dans le secteur d'activité ? (ou similaire ?)................................

Ai-je une expérience de stage ? ....
- dans le poste ? (ou similaire ?)..
- dans le secteur d'activité ? (ou similaire ?)................................

Ai-je une formation polyvalente ? ....
- en quoi ? ....
- quelles techniques ? .... - quelles méthodes ?....................

Ai-je une formation spécifique ? ....
- quelles matières ? .... - quelles options ?.....................
- quels travaux de recherche ? ...... - quels mémoires ? ....

Ai-je une formation étrangère ? ....
- laquelle ?...
- particularités ?................. - méthodes de travail ?..................

Ai-je réalisé des travaux concernant l'entreprise ?.........................
- missions ? .... - enquêtes ? ....
- études ? .... - rapports ? ....

6. L'adaptation

Ai-je réalisé des travaux concernant le secteur d'activité ? ....
- missions ? .... - enquêtes ? ....
- études ? .... - rapports ? ....

Suis-je susceptible d'apporter des débouchés nouveaux ? ....
- dans un secteur géographique particulier ? ....
- dans un domaine de compétence particulier ? ....
- dans un milieu relationnel particulier
(professionnel, estudiantin, sportif, artistique, social...) ? ....

Comment ai-je mis en œuvre ma personnalité ? ....
- responsabilités diverses exercées ? ....
- atouts divers maîtrisés ? ....
- quand ai-je fait preuve d'adaptabilité à diverses situations ? ....
- quand ai-je montré des capacités d'évolution ? ....

Ajoutez ci-dessous d'autres questions et leurs réponses

- ....
- ....
- ....
- ....
- ....
- ....
- ....
- ....
- ....
- ....
- ....
- ....
- ....
- ....

Le C.V. et la lettre de motivation

Les attentes exprimées dans les annonces

La révélation d'une offre d'emploi est porteuse, dans le même temps, d'une bonne nouvelle et d'une mauvaise nouvelle.

Commençons par la bonne nouvelle ! L'offre d'emploi signifie que l'entreprise a un besoin réel, qu'elle en est consciente, qu'elle l'a identifié et qu'elle s'efforce de le formuler de façon claire. Cela doit donc emplir d'espoir tout candidat.

La mauvaise nouvelle ? Le besoin étant porté sur la place publique, le message est ainsi reçu par un grand nombre de rivaux qu'il faudra supplanter.

L'objet de l'analyse de l'offre d'emploi est donc de profiter au mieux de l'avantage constitué par l'information sur les besoins de l'entreprise pour surmonter le handicap de la concurrence.

Les annonces contiennent trois catégories d'informations. Les informations de la première catégorie expriment clairement les attentes du recruteur. Celles de la seconde visent essentiellement à attirer un maximum de candidats. Les dernières tentent de « faire passer en douceur » les inconvénients du poste.

Les informations « descriptives »

Ce sont les informations qui décrivent l'entreprise, le poste, le candidat. Nous pouvons citer quelques exemples.

Pour un technicien fluides : « Dans un contexte de production, vous serez chargé d'assurer le suivi et l'évolution des moyens de production et de distribution des fluides (gaz, air comprimé, vide, vapeur, eau...). De formation BTS-DUT (énergies, génie thermique, productique, mesures physiques), vous serez intégré dans une équipe jeune et pluridisciplinaire. »

6. L'adaptation

Pour un ingénieur d'application : « Vous serez chargé des programmations et gammes de contrôle pour notre clientèle. De formation BTS mécanique ou équivalent. Le poste est à pourvoir en région parisienne. Des déplacements en province sont à prévoir. »

Pour un technicien de maintenance : « Après une formation spécifique vous assurerez l'entretien préventif et curatif de systèmes automatisés de manutention et de tri. Niveaux bac F3, BTS ou équivalent. »

Pour un technicien études et développement : « BTS/DUT plasturgie, mesures physiques (option techniques instrumentales). Il se verra confier des études liées aux conditions de transformation des matériaux : suivi des essais en atelier, mesures en laboratoire, animation d'une équipe, rédaction de rapports, etc. »

Les informations « alléchantes »

Leur vocation est psychologique, rassurer ou allécher le candidat.

En voici quelques-unes :

- ▶ grandes possibilités de carrière,
- ▶ secteur en pleine expansion,
- ▶ entreprise leader sur son marché,
- ▶ perspectives d'avenir,
- ▶ entreprise dynamique,
- ▶ vous aimez le profit,
- ▶ vous aimez la vie à cent à l'heure,
- ▶ poste à responsabilités accrues.

Ne vous y attardez pas et cherchez des indications plus instructives.

Le C.V. et la lettre de motivation

Les informations « travesties »

Nous attirons ici votre attention sur des formulations trompeuses qui ne doivent jamais être prises au pied de la lettre.

Il s'agit souvent d'informations peu agréables, voire dissuasives. Elles n'en correspondent pas moins à une nécessité réelle du poste qui contraint l'annonceur à les évoquer en les déguisant. En voici quelques exemples :

La formule	Son sens	Caractéristiques recherchées
Gros gains possibles	Rémunération fixe dérisoire, rémunéré principalement à l'intéressement, rémunération immédiate faible	Grosses capacités de travail, ambitieux
Une ou deux années d'expérience	Redoutons le gaffeur armé de bons sentiments	Maturité, sens des réalités, connaissance du secteur
Goût du terrain	Ira au « casse-pipe », affrontera de dures réalités	Mobilité, disponibilité, endurance
Soyez votre propre patron	Débrouillez-vous, vous serez en « liberté surveillée »	Indépendance, sens de l'organisation

6. L'adaptation

Méthode d'analyse d'une annonce

▶ Exemple d'annonce :

> Filiale française d'un groupe international
> de protection électronique contre le vol recherche
>
> **TECHNICIEN DÉBUTANT**
> **SERVICE APRÈS-VENTE**
>
> Votre mission consistera à assurer, en clientèle,
> l'installation et la maintenance de nos systèmes.
>
> Titulaire d'un bac STI ou BTS/DUT
> option électronique/électrotechnique,
> vous êtes autonome et disponible,
> vous possédez un sens relationnel développé
> et pratiquez l'anglais.
> Basé à Paris,
> des missions ponctuelles dans le Sud
> et le Sud-Ouest sont à prévoir.
>
> Merci d'adresser votre candidature s/réf. OSS117 à...

1°- Répartissez les informations en trois rubriques : entreprise, poste et candidat

Entreprise	Poste	Candidat
• Secteur sécurité (vol) • Protection électronique • Groupe international • Filiale française	• Technicien débutant • Installation et maintenance de systèmes de protection électronique contre le vol • À Paris • Missions ponctuelles dans le Sud et le Sud-Ouest • Service après-vente	• Bac STI ou BTS/DUT option électronique ou électrotechnique • Autonome • Disponible • Sens relationnel développé • Pratique de l'anglais

Le C.V. et la lettre de motivation

2° - Hiérarchisez les informations

Observez les éléments que l'annonceur a tenté de mettre en relief par un quelconque procédé. Les moyens sont multiples : grossissement, caractères gras, en italique, espacements, emplacements privilégiés (en haut, au centre, en bas), soulignement, encadrement, épithètes ou adverbes, etc.

Le but de l'opération est de hiérarchiser les besoins de l'annonceur dans son ordre de priorité. Dans le cas précédent, le graphisme de l'annonce ne révélant pas grand chose, vous pouvez choisir l'ordre qui vous arrange.

Par exemple :

[1] votre intérêt pour l'électronique ;

[2] votre pratique courante de l'anglais ;

[3] vos qualités de contact ;

[4] votre goût pour la mobilité.

Chapitre 7
L'argumentation

La lettre doit présenter les arguments du candidat afin d'inciter le recruteur à le rencontrer.

Le C.V. et la lettre de motivation

Les arguments

Ils correspondent à :

- des éléments personnels apportant un « plus » original à la candidature : expérience, approche d'un problème, vision personnelle de certains évènements, énergie particulière, implications diverses ;
- des éléments tangibles susceptibles de fournir des garanties et de mettre en confiance le recruteur : réalisations antérieures, capacités personnelles, niveau d'instruction, diplômes...
- des éléments conformes aux particularités de l'entreprise qui recrute affirmant l'opportunité de la candidature et la détermination du candidat : degré d'adhésion, volonté d'implication, certaines qualités d'adaptation, convergences d'intérêt, perspectives d'avenir...

Les arguments qui composent la lettre doivent être choisis parmi tous les points forts du candidat. Il y a trois catégories de points forts :

Les compétences

Les compétences correspondent au savoir et au savoir-faire. Elles peuvent être théoriques ou pratiques. Même dans les professions dites « intellectuelles », certaines maîtrises techniques ou physiques peuvent être fort utiles. Par exemple la pratique d'un logiciel, d'un dialecte ou d'un sport. Il serait alors dommage de ne pas les signaler.

Les compétences sont acquises par les études, les stages et les emplois mais aussi à l'occasion de voyages, de recherches personnelles et d'activités de loisir. Prenez soin de relever les circonstances dans lesquelles vous avez pu intégrer tel savoir ou savoir-faire. Et surtout celles dans lesquelles vous l'avez appliqué.

Par exemple, il vaut mieux écrire : « Ce poste me permettrait d'exploiter des connaissances en fiscalité des entreprises, confirmées lors de mon

7. L'argumentation

stage en cabinet d'expertise comptable », plutôt que : « Je possède des connaissances en fiscalité des entreprises utiles pour ce poste. »

Les aptitudes

Les aptitudes sont des qualités physiques ou intellectuelles. Elles sont mises en évidence dans certaines circonstances, notamment lorsque l'individu doit résoudre une difficulté particulière.

Les expériences sollicitent l'intervention de ces dispositions naturelles et occasionnent leur développement.

Les aptitudes doivent être illustrées par les circonstances dans lesquelles elles se sont manifestées. Ces exemples sont des preuves indispensables. Par exemple, il faut écrire « sens de l'organisation confirmé lors de mon dernier stage... » et non pas « J'ai le sens de l'organisation » sans autre référence.

Les motivations

Les motivations constituent une force qui pousse l'individu à l'action. Elles sont à la base de tout comportement.

Il est important de manifester vos goûts pour l'entreprise, pour les objectifs à réaliser à ce poste. Par exemple, écrivez : « Lors de la pratique de mon sport favori (tennis, ski, planche à voile...), j'ai toujours été sensible au choix du matériel. C'est pourquoi le domaine de l'équipement sportif m'intéresse particulièrement. » C'est préférable à : « Je suis très motivé par le domaine de l'équipement sportif. »

Il faut aussi montrer votre intérêt pour certaines tâches particulières de la fonction. Surtout si celles-ci occupent une part importante du temps de travail. Par exemple : « L'été dernier, j'ai été moniteur de voile. J'avais la responsabilité d'un groupe de vingt enfants. J'ai ainsi eu confirmation de mon goût pour l'animation d'un groupe. »

Le C.V. et la lettre de motivation

Méthode des points forts

La recherche des points forts

Dans un premier temps vous rassemblez tous les arguments possibles. À ce stade, peu importe de savoir s'ils seront utilisés ni quand et comment. Il n'est pas toujours possible ou habile de tout dire. La sélection s'effectuera par la suite.

Pour l'instant, il s'agit ici de vous donner les moyens d'un large choix. Il faut vous assurer que vous n'avez pas oublié de points forts, même mineurs.

Par exemple, pour Cécile Ancieux, candidate à un poste de styliste :

[1] « J'ai suivi l'école des Arts déco »

[2] « Je parle bien anglais »

[3] « J'ai joué pendant cinq ans dans une équipe de volley »

[4] « J'ai négocié le prix de vente de l'appartement de mes parents »

[5] « Mon hobby, c'est la photo »

[6] « J'aime bien dessiner »

[7] « J'ai été plusieurs fois hôtesse d'accueil dans des salons-expositions »

[8] « J'aimerais devenir, dans quelques années, responsable de collection pour créer une gamme ou une ligne de produits »

[9] « J'ai de la volonté : je fais régulièrement des régimes amaigrissants. Étant gourmande, je fais particulièrement attention à ma ligne. »

[10] « J'ai dessiné sur des feuilles de papier mes idées de création d'un style nouveau pour la mode enfants »

[11] « J'ai voyagé dans plusieurs pays étrangers »

7. L'argumentation

Le classement des points forts

Lorsque vous estimez le résultat de vos recherches suffisant pour passer à la suite, vous évaluez et classez vos points forts par rang décroissant d'efficacité.

Une méthode simple peut être utilisée pour faciliter la prise de décision. Il suffit de vous poser la liste des questions suivantes :

- « Si je n'avais le droit d'utiliser qu'un seul argument pour appuyer ma candidature, lequel choisirais-je ? »

La réponse désigne le premier argument. La seconde question est alors nuancée de façon suivante :

- « Et si l'on m'interdisait l'argument que je viens de désigner, lequel choisirais-je ? »

Le second argument sera identifié de la même façon que le premier. Ensuite, vous agissez de même jusqu'à épuisement de la liste.

Par exemple, pour la candidate Cécile Ancieux :

1. formation Art déco,
2. goût pour la photo,
3. intérêt pour le dessin,
4. facilités de contact (hôtesse),
5. créativité (style nouveau),
6. sait imposer ses idées (négociation pour vente appartement),
7. goût pour les voyages,
8. motivation pour la profession (projets d'avenir),
9. bonne connaissance de l'anglais.

Certaines idées, que vous jugez inutiles, peuvent être abandonnées dès maintenant :

- volontaire (régimes amaigrissants)
- active, persévérante (équipe de volley)

Le C.V. et la lettre de motivation

La sélection des points forts

La lettre complète l'information du C.V. Elle doit donner du relief aux meilleurs atouts. La sélection des points forts retenus pour la lettre s'opère en deux temps.

1° - Confirmer, sous une forme différente, les atouts majeurs

La répétition de certains points forts est nécessaire. Par exemple, la lettre de Cécile Ancieux pourrait mentionner : « Mes aptitudes à la photo et au dessin constituent des atouts supplémentaires. » Ces deux thèmes doivent être illustrés d'une autre façon dans le C.V.

2° - Développer un atout majeur qui n'apparaîtrait pas explicitement sur le CV

Dans l'exemple choisi, Cécile estime qu'elle est disponible et mobile. Mais cela ne peut se discerner sur son C.V. où l'information apparaît sous la forme suivante : « Voyages effectués : Grande-Bretagne, Italie, Grèce, Turquie, Espagne. »

Dans sa lettre, Cécile mentionne alors : « J'aime voyager. Étant disponible, je ne crains pas les déplacements. »

Méthode des preuves

L'affirmation des aptitudes (originales et sécurisantes), des compétences (originales et sécurisantes), des motivations (originales et sécurisantes) doit être prouvée par des exemples.

Afin de faciliter votre tâche, voici différents tableaux d'inventaire. Vous pouvez compléter chaque tableau à votre convenance.

7. L'argumentation

Passez méthodiquement en revue chaque liste.

- À chaque proposition, interrogez-vous.
  - Suis-je concerné par la caractéristique indiquée ?
  - En quelles circonstances m'a-t-elle été révélée ? où ? quand ? comment ?
  - M'a-t-elle été confirmée de façon indiscutable ? où ? quand ? comment ?
  - M'a-t-elle assuré un succès conséquent ? où ? quand ? comment ?
  - S'est-elle renforcée continuellement ? occasionnellement ? où ? quand ? comment ?
- Notez sommairement vos réponses sur une feuille de brouillon. Lorsqu'une réponse éclaire, selon vous, la caractéristique d'un jour avantageux, elle est retenue comme preuve.

Cherchez le maximum de preuves pour une même caractéristique.

- Ensuite, choisissez les trois preuves les plus spectaculaires et classez-les par rang décroissant d'efficacité. Si les contextes des situations retenues sont très différents, l'impact n'en sera que plus grand. Si vous ne trouvez qu'une ou deux preuves, c'est mieux que rien.

Chaque élément de preuve est alors synthétisé en un ou deux mots. Les mots-clés sont consignés sur les tableaux ci-après face à l'atout qu'ils sont censés prouver.

Plus vous trouverez de preuves et plus vous aurez de choix lorsque vous rédigerez votre lettre. De plus, vous pourrez utiliser lors de l'entretien les preuves que vous n'aurez pas citées dans votre lettre.

Le C.V. et la lettre de motivation

Le tableau des aptitudes

APTITUDES	MOTS-CLÉS DES PRINCIPALES PREUVES		
	preuve majeure	preuve moyenne	preuve mineure
RÉSISTANCE À LA FATIGUE, PUISSANCE DE TRAVAIL			
SENS DE L'INITIATIVE, ESPRIT DE DÉCISION			
COMBATIVITÉ, TÉNACITÉ, APPLICATION			
APTITUDE AU COMMANDEMENT			
ADAPTATION AU MILIEU, FACULTÉ D'ASSIMILATION			
ESPRIT DE COOPÉRATION			
DIPLOMATIE, TACT			
SENS DES RESPONSABILITÉS			
HONNÊTETÉ, FIDÉLITÉ À SES ENGAGEMENTS			
FACULTÉ D'OBSERVATION			
FACILITÉ D'EXPRESSION			
FACULTÉ D'ÉCOUTE			
GOÛT DE L'ACTION, PRAGMATISME, SENS PRATIQUE			
CAPACITÉ D'ABSTRACTION			
ESPRIT D'ANALYSE, ESPRIT DE SYNTHÈSE			
SENS DE L'ORGANISATION			
CURIOSITÉ, OUVERTURE D'ESPRIT			
IMAGINATION, CRÉATIVITÉ, INNOVATION			
OBJECTIVITÉ, SENS CRITIQUE, RIGUEUR INTELLECTUELLE			
ÉGALITÉ D'HUMEUR, RÉSISTANCE AUX AGRESSIONS			
APTITUDE À CONVAINCRE, APTITUDE À NÉGOCIER			
AUTRES APTITUDES			

7. L'argumentation

Le tableau des compétences

COMPÉTENCES	MOTS-CLÉS DES PRINCIPALES PREUVES		
	preuve majeure	preuve moyenne	preuve mineure
PROFESSIONNELLES			
STAGES			
JOBS D'ÉTÉ			
VIE ASSOCIATIVE			
VIE SCOLAIRE			
ENQUÊTES			
ÉTUDES			
TRAVAUX PRATIQUES			
ENCADREMENT D'UNE ÉQUIPE			
TECHNIQUES DE BASE			
OPTIONS CHOISIES			
LANGUES ÉTRANGÈRES			
LANGAGES TECHNIQUES			
MÉTHODES DE TRAVAIL			
HOBBIES			
SPORTS			
CULTURE GÉNÉRALE			
CONNAISSANCES ARTISTIQUES			
AUTRES COMPÉTENCES			

Le C.V. et la lettre de motivation

Le tableau des motivations

MOTIVATIONS	MOTS-CLÉS DES PRINCIPALES PREUVES		
	preuve majeure	preuve moyenne	preuve mineure
CRÉER, IMAGINER, INNOVER			
ASSUMER DES RESPONSABILITÉS			
PRENDRE DES DÉCISIONS			
MENER À SON TERME UNE RÉALISATION			
S'ENGAGER			
DYNAMISER			
ENTRAÎNER UNE ÉQUIPE			
ÉTABLIR DES RELATIONS SOCIALES			
S'ENRICHIR PAR LA CONFRONTATION			
ORGANISER			
CALCULER			
RÉDIGER			
SE DÉPLACER			
RECHERCHER DES INFORMATIONS			
IMPROVISER			
VÉRIFIER			
EXPLIQUER			
APPRENDRE AUX AUTRES			
RECEVOIR DES DOLÉANCES			
RÉPARER LES ERREURS			
RESPECTER LES DÉLAIS, LES HORAIRES			
TRAVAILLER DANS UNE AMBIANCE HOSTILE			
AUTRES MOTIVATIONS			

7. L'argumentation

Le choix des arguments selon le type de candidature

Les cas varient en fonction de la nature de la démarche.

Dans sa première phase, la procédure est toujours la même. Le candidat adresse un C.V. accompagné d'une lettre de motivation.

Si cette première démarche éveille l'intérêt du recruteur, le postulant est convoqué à un entretien. Ce premier entretien s'effectue habituellement avec le service du recrutement ou un cabinet de sélection. À cette occasion, le candidat passe quelquefois des tests. Si les premiers résultats sont jugés satisfaisants, le candidat est soumis à une série d'entretiens, notamment avec les services du personnel et le responsable hiérarchique direct. Les conclusions de chaque rencontre conditionnent le rendez-vous suivant. Le nombre des candidats en lice diminue à chaque étape.

L'entretien étant loin d'être systématique, il ne faut, dans un premier temps, compter que sur la lettre et le C.V.

L'objectif de la lettre est d'obtenir le premier entretien.

Procédure de candidature spontanée

Vérifiez dans le C.V. que la chronologie de présentation retenue, descendante ou remontante donne la priorité aux meilleurs arguments.

Insistez sur vos motivations pour le secteur et pour l'entreprise.

Par exemple, pour un poste « export ».

1° - Pour le secteur :

« Le secteur de l'agro-alimentaire m'intéresse parce qu'il offre de bonnes opportunités à l'exportation. »

Le C.V. et la lettre de motivation

2° - Pour l'entreprise :

« Votre société m'attire parce que sa position de leader mondial lui permet de faire face avec succès à la concurrence internationale. »

Vous obtiendrez facilement des renseignements sur un secteur ou une entreprise soit dans la presse économique soit par les personnes qui travaillent dans ce secteur ou cette entreprise.

Procédure de réponse à une offre d'emploi

L'offre d'emploi fait l'objet d'un descriptif qui permet de mieux apprécier l'opportunité de la candidature. Il est utile, quelquefois, de modifier en conséquence la présentation de son C.V.

La lettre aussi doit tenir compte des compétences et aptitudes mentionnées dans l'annonce d'offre d'emploi.

Par exemple, si l'annonce mentionne, pour un poste de jeune comptable, « bonne connaissance de l'outil informatique et sens de l'autonomie » :

« Lors de mon dernier stage, j'ai utilisé un logiciel de traitement de texte (Word), de comptabilité (Maestria), de paie (Europaie) et un tableur (Excel). »

« J'ai fait preuve d'autonomie en voyageant de façon indépendante pendant trois mois en Espagne. »

7. L'argumentation

Le classement des arguments selon le type de candidature

Ainsi vous avez choisi, en fonction du type de candidature, les arguments qui vous permettront de composer une lettre originale.

Il vous reste, pour parfaire votre technique, à les gérer en conséquence.

Le classement des atouts est une étape importante de la réalisation de la lettre de motivation. Voici les règles à suivre pour que ce classement se révèle efficace.

Nous avons évoqué auparavant les attentes majeures du recruteur. Celles-ci naissent dans son esprit selon un ordre particulier.

Si vous respectez cet ordre préférentiel, cela renforce l'efficacité de votre message.

Ainsi, le recruteur, découvrant immédiatement la réponse à la question qu'il se pose en priorité, ne peut être que satisfait. Cela l'incite à poursuivre sa lecture avec intérêt.

À l'inverse, le recruteur qui découvre systématiquement des réponses à des questions non prioritaires, éprouve vite une sorte d'irritation. Il est peu enclin à poursuivre avec toute l'attention souhaitée et peut même abandonner sa lecture.

Il est difficile de reconstituer l'ordre correspondant à la meilleure attente du recruteur.

Voici toutefois deux exemples pour vous permettre de traiter les deux situations. Le système est suffisamment souple pour vous laisser toute latitude dans le choix des atouts.

L'ordre proposé n'est pas valable dans tous les cas. Vous pouvez donc le modifier à votre convenance dans certaines situations.

Le C.V. et la lettre de motivation

Exemple pour une recherche d'emploi par candidature spontanée

N°	Informations transmises	Arguments	Exemples de preuves
1	Choix du secteur ou choix de l'entreprise	Opportunité du secteur	« Le secteur du BTP m'intéresse parce qu'il est en pleine mutation technologique. »
		Particularités de l'entreprise	« Votre société m'attire parce qu'elle se développe : ses parts de marché progressent constamment. »
2	Choix du poste	Goûts pour le poste et atouts divers par rapport au poste	« Le poste d'ingénieur travaux me convient parce qu'il fait appel au sens de l'organisation, des responsabilités, des contacts humains et du commandement. J'ai montré des qualités comparables dans mes stages et mes loisirs. »
3	Projets à moyen terme	Ambition et volonté de s'impliquer dans l'entreprise	« Je souhaiterais par la suite m'occuper d'une direction technique. »
4	Études et emplois effectués	Qualité et niveau de la formation et des postes occupés	« Diplômé de l'ICAM et spécialisé en génie civil, j'ai une bonne connaissance de l'anglais et de l'informatique. »

7. L'argumentation

**Exemple pour une recherche d'emploi
par réponse à une annonce**

> Importante société d'ingénierie
> recherche
> pour son siège en région parisienne
>
> **UNE SECRÉTAIRE**
>
> Anglais impératif, allemand souhaité
> Formation BTS ou équivalent
>
> Ce poste demande une grande disponibilité,
> le sens de l'initiative
> et une bonne maîtrise des outils bureautiques
>
> Formation assurée

Le C.V. et la lettre de motivation

N°	Informations transmises	Arguments	Exemples de preuves
1	Études et emplois effectués	Qualité et niveau de la formation et des postes occupés	« Titulaire d'un BTS de secrétariat, je suis familiarisée avec les outils bureautiques. Trilingue, j'ai montré ma bonne pratique de l'anglais et de l'allemand lors d'un emploi à la société import-export GRINGO. »
2	Maîtrise des qualités	Situations dans lesquelles ces qualités se sont manifestées	« Étant célibataire, je suis totalement disponible pour m'investir dans votre société et me déplacer. Quant à mon sens de l'initiative, je l'ai manifesté lors de l'organisation de la fête d'un village. »
3	Goûts pour le secteur	Opportunité du secteur	« Le secteur de l'ingénierie me plait parce les perspectives sont bonnes, notamment avec l'ouverture des pays de l'Est et les besoins en équipements de protection de l'environnement. »
4	Goûts pour l'entreprise	Particularités de l'entreprise	« Votre société m'attire notamment pour la formation complémentaire qu'elle se propose d'assurer. »
5	Prédilections pour le poste proposé	Goûts pour le poste et atouts divers par rapport au poste	« Lorsque j'étais monitrice d'une colonie de vacances, j'ai montré des qualités relationnelles d'écoute et d'organisation utiles à toute secrétaire. »

Chapitre 8
La rédaction

Chaque lettre doit être conçue au cas par cas.

Elle doit varier aussi en fonction de deux paramètres au moins :

- ▶ les circonstances de la demande : spontanée ou en réponse à une offre ;
- ▶ la nature de l'offre : contrat à durée déterminée, contrat de travail temporaire, contrat saisonnier, niveau, statut, responsabilités, contraintes...

Chaque lettre étant unique, il n'est pas possible de réaliser des modèles. Néanmoins plusieurs exemples vous seront présentés avec leurs aspects positifs et négatifs. Vous pourrez bien entendu vous en inspirer. Mais évitez de céder à la tentation de les reproduire tels quels.

Le C.V. et la lettre de motivation

La présentation

Lettre manuscrite ou dactylographiée

1° - Écrivez de préférence de façon manuscrite

La lettre manuscrite permet une éventuelle analyse graphologique (écriture bouillonne, déterminée, enfantine...) par un spécialiste ou par le recruteur. Elle donne l'impression d'être plus personnalisée.

2° - Envoyez une lettre dactylographiée dans certains cas

Envoyez une lettre dactylographiée si cela vous est demandé expressément ou si vous l'adressez par courrier électronique. Certains recruteurs n'aiment pas les lettres manuscrites, surtout lorsqu'ils ont du mal à en déchiffrer l'écriture.

3° - Vérifiez l'orthographe

Ne laissez aucune faute. Vérifiez ou faites vérifier votre orthographe.

Méthode pour la lettre manuscrite

1° - Écrivez lisiblement

Écrivez proprement en utilisant éventuellement une règle pour guider vos lignes.

2° - Écrivez proprement

N'envoyez pas une lettre raturée ou avec des fins de lignes achevées par des mots en accordéon.

8. La rédaction

3° - Limitez votre texte à une page

Limitez votre texte à une page de 150 mots au maximum. Exceptionnellement, les personnes qui n'arrivent pas à résumer en une page peuvent rédiger sur deux pages. Dans ce cas, écrivez en recto sur deux feuilles de papier distinctes et non en recto verso. Si vous écrivez sur deux pages, la formule de politesse et la signature doivent être sur la même page qu'au moins une partie du texte.

4° - Écrivez à l'encre noire ou bleue

N'utilisez pas les stylos à encre rouge ou verte

5° - Inscrivez vos nom, prénom et adresse en haut à gauche

Inscrivez vos nom, prénom et adresse en haut et à gauche (même si cette lettre accompagne un dossier ou un C.V. qui donne déjà ces indications, car la lettre risque d'être dissociée du C.V.

6° - Inscrivez votre n° de téléphone et votre adresse e-mail

Inscrivez, en-dessous de votre adresse, vos numéros de téléphone mobile et fixe (avec éventuellement les heures auxquelles on peut vous joindre ou la mention « répondeur enregistreur » ou « répondeur et fax ») et votre adresse e-mail.

7° - Inscrivez nom, fonction et adresse du destinataire en haut à droite

Inscrivez en haut (plus bas que vos nom et adresse) et à droite, le nom, la fonction et l'adresse du destinataire. Faites précéder son nom de Monsieur ou Madame écrit en toutes lettres. Ne le faites pas précéder de M. ou Mme en abrégé. Précisez bien le service (si vous le connaissez) auquel votre lettre est destinée. Sinon, votre courrier risque de s'égarer.

Le C.V. et la lettre de motivation

8° - N'oubliez pas de dater

Placez la date dessous l'adresse du correspondant en laissant un espace.

9° - Débutez votre texte après le premier tiers de la page

Laissez une grande marge à gauche, une plus petite en bas et à droite.

10° - Sautez une ligne pour séparer les paragraphes

En début de paragraphe, marquez un léger retrait en allant à la ligne ou alignez tout au début de la ligne, « à l'américaine ». Sautez une ligne pour séparer les paragraphes.

11° - N'oubliez pas de signer

Ne faites pas un gribouillis. La signature peut induire, à tort ou à raison, certains traits de votre personnalité.

12° - Conservez une copie de votre lettre

N'envoyez pas la copie au lieu de l'original. C'est un signe de distraction qui peut être interprété comme un manque d'intérêt ou de motivation.

Le style

Méthode

1° - Faites des phrases courtes

Plus une phrase est courte, mieux elle se retient. Un lecteur retient, en moyenne, une phrase de 13 mots à 100%, de 17 mots à 65 % et de 40 mots à 35 % !

8. La rédaction

Ne dites pas :

« De formation BTS comptable, ayant secondé pendant trois mois un chef de service en étant le relais actif entre la comptabilité immobilisations et la comptabilité fournisseurs, j'ai l'habitude de travailler de façon autonome et je suis capable d'assurer seul l'ensemble des tâches comptables de votre société (paie, déclarations, etc.) jusqu'au bilan ».

Mais dites : « De formation comptable, j'ai secondé pendant trois mois un chef de service. J'étais le relais actif entre la comptabilité immobilisations et la comptabilité fournisseurs. Je suis capable d'assurer l'ensemble des tâches comptables de votre société. Habitué à être autonome, je peux m'occuper notamment des paies, des déclarations, des bilans. »

2° - Ne commettez pas d'erreurs de langage

Ne dites pas (en parlant de l'entreprise) votre « demande d'emploi » mais votre « offre d'emploi ».

Ne dites pas « comme nous en avons convenu » mais « comme nous en sommes convenus ».

Ne dites pas « 5 à 6 personnes » mais « 5 ou 6 personnes ».

Ne dites pas « j'ai fait la Grèce » mais « j'ai visité la Grèce ».

Ne dites pas « de suite » mais « tout de suite ».

Ne dites pas « je m'en rappelle » mais « je me le rappelle » ou « je m'en souviens ».

Ne dites pas « émotionner » mais « émouvoir ».

Ne dites pas « c'est le souhait que je formule » mais « c'est le souhait que je forme ».

Ne dites pas « deux alternatives » mais « deux éventualités » ou « une alternative ».

Le C.V. et la lettre de motivation

3° - Quantifiez vos résultats

Ne dites pas « j'ai donné satisfaction » mais dites « j'ai atteint en un mois le même niveau de production que les autres employés ».

4° - Ayez un style précis et explicite

Ne dites pas « vous n'êtes pas sans savoir » mais dites « vous savez ».

Ne dites pas « mon analyse de la situation » mais dites « je pense que ».

Ne dites pas « opposer un refus » mais dites « refuser ».

Ne dites pas « le facteur compétitivité » mais dites « la compétitivité ».

Ne dites pas « caresser le projet de » mais dites « projeter ».

Ne dites pas « ce point mérite d'attirer votre attention » mais dites « ce point est important ».

Ne dites pas « réserver une suite favorable à ma requête dans le cadre de vos possibilités » mais dites « donner une réponse favorable à ma demande ».

5° - Ayez un style déférent

Ne dites pas « je vous informe que » mais « je vous fais connaître que ».

Ne dites pas « je vous prie de vouloir bien » mais « je vous prie de bien vouloir ».

Ne dites pas « dès que possible » mais « le plus tôt qu'il vous sera possible ».

6° - Ayez un style actif

Ne dites pas : « Une réorganisation de la structure de commandement avait été entreprise par le nouveau directeur général » mais dites : « Le nouveau directeur général avait entrepris de réorganiser la structure de commandement ».

Ne dites pas : « Mon diplôme devrait me parvenir le 15 juillet » mais dites : « Je recevrai mon diplôme le 15 juillet ».

8. La rédaction

7° - Ayez un style accrocheur

Dites « Mes trois ans d'expérience de technicien de maintenance me permettront de contribuer positivement à votre activité » plutôt que « J'ai trois ans d'expérience de technicien de maintenance ». Sauf cas exceptionnels, évitez les lettres provocantes et humoristiques pour « accrocher » à tout prix. Même écrites avec intelligence, elles sont risquées car souvent jugées déplacées (y compris dans le milieu de la publicité).

8° - Ayez une expression simple et personnelle

Évitez : « Combien de fois ai-je rêvé d'intégrer votre prestigieuse entreprise, renommée dans le monde entier et dont les produits sont enviés par tous vos concurrents ! » ou « Je sollicite de votre haute bienveillance un rendez-vous ».

9° - Évitez les répétitions

« Je parle bien l'espagnol. J'ai étudié l'espagnol en Espagne, dans une famille espagnole. »

10° - Évitez les digressions

« J'ai toujours souhaité travailler dans votre belle région, l'Anjou. Ma grand-mère maternelle avait une propriété à trente kilomètres d'Angers et j'y passais des vacances fort agréables qui m'ont permis de mieux connaître et d'apprécier cette région et ses habitants. »

Évitez surtout les digressions d'ordre privé. « Mon mari m'ayant quitté pour partir avec sa secrétaire, je suis dans l'obligation de trouver un travail. »

11° - Évitez les supplications

« Veuve avec trois enfants à nourrir, sans chauffage depuis janvier, je m'adresse à vous dans l'ultime espoir d'obtenir un travail. »

Le C.V. et la lettre de motivation

12° - Évitez les phrases creuses

« Très intéressé par votre offre d'emploi, je me permets de vous adresser cette lettre de motivation. »

« Par la présente lettre, je tiens à compléter le curriculum vitae ci-joint et à vous donner de plus amples informations sur ma personnalité. »

« La réputation de votre entreprise n'est plus à faire. »

« Le sérieux (ou le dynamisme) de votre société est reconnu. »

13° - Évitez le style prétentieux

« Un sens inné de la psychologie me permet de gérer les populations les plus diverses » ou « Je suis de la race des gagneurs ».

Évitez les superlatifs en parlant de vous-même : « J'ai été très apprécié lors de mon stage ».

14° - Exprimez-vous à la première personne et non à la troisième personne

Évitez : « Veuillez recevoir la candidature d'un étudiant intéressé par votre offre » ou « Ce type de poste permet à un débutant de… ».

15° - Utilisez selon les cas le mode indicatif ou conditionnel

Utilisez le mode indicatif pour tout ce que vous voulez exprimer fermement comme n'étant pas négociable.

Exemple : « Je serai disponible à partir du 1er septembre de cette année » ou « Je souhaite travailler pour un laboratoire car… ».

Utilisez le mode conditionnel pour ce que vous voulez faire sentir comme étant négociable.

Exemple : « Je souhaiterais plutôt travailler dans un service de production » ou « J'aimerais m'orienter rapidement vers un poste offrant plus de mobilité ou de contact avec la clientèle ».

8. La rédaction

Les 13 erreurs de Rosette Delion

Dans la lettre de Rosette Delion ci-dessous, trouvez au moins 13 erreurs de style. La correction se trouve en pages suivantes.

1° - Lettre manuscrite de Rosette Delion

Rosette Delion
66, rue des six saucissons secs
57890 Porcelette

                         Monsieur Jean Bonnot
                         Société Tailleforte
                         33, rue Gros
                         13110 Port de Bouc

                         Porcelette, le 17 février 2003

Monsieur,

Vous n'êtes pas sans savoir qu'il est difficile de trouver une bonne comptable.

Je vous informe que je suis très compétente dans les domaines de la comptabilité clients, comptabilité fournisseurs, comptabilité des stocks, comptabilité des immobilisations, paye, gestion de trésorerie, comptabilité analytique, c'est-à-dire d'une part la prévision des budgets et le contrôle des écarts par rapport à cette prévision et d'autre part le contrôle de la rentabilité à savoir l'affectation des charges par rapport au produit et le contrôle en vue de la diminution des coûts.

Je suis très intéressée par votre société mondialement célèbre. C'est pourquoi je vous adresse cette lettre accompagnée de mon curriculum vitae. Je suis disponible de suite.

Si une place de comptable se libère, je serais très honorée d'obtenir un rendez-vous. Je formule le souhait que vous pourrez me recevoir dès que possible.

Avec mes remerciements, je vous prie d'agréer, Monsieur, l'expression de mes salutations distinguées.

Le C.V. et la lettre de motivation

2° - Correction de la lettre manuscrite de Rosette Delion

[1] « Vous n'êtes pas sans savoir » : il vaut mieux dire « vous savez ».

[2] « Je vous informe que » manque de déférence. Il vaut mieux dire « Je porte à votre connaissance que ».

[3] « Je suis très compétente » : le superlatif est en trop. Cela fait prétentieux. « Je suis compétente » passe mieux.

[4] « ...dans les domaines de la comptabilité clients, comptabilité fournisseurs, comptabilité des stocks, comptabilité des immobilisations, paye, gestion de trésorerie, comptabilité analytique » : le mot « comptabilité » est répété à tort cinq fois.

[5] « c'est-à-dire d'une part la prévision des budgets et le contrôle des écarts par rapport à cette prévision et d'autre part le contrôle de la rentabilité, à savoir l'affectation des charges par rapport au produit et le contrôle en vue de la diminution des coûts » : ce sont des digressions inutiles.

[6] « Je vous informe que je suis très compétente dans les domaines de la comptabilité clients, comptabilité fournisseurs, comptabilité des stocks, comptabilité des immobilisations, paye, gestion de trésorerie, comptabilité analytique, c'est-à-dire d'une part la prévision des budgets et le contrôle des écarts par rapport à cette prévision et d'autre part le contrôle de la rentabilité, à savoir l'affectation des charges par rapport au produit et le contrôle en vue de la diminution des coûts » : la phrase est bien trop longue. Il vaut mieux dire : « Compétente en comptabilité clients, fournisseurs, stocks, immobilisations, paye, gestion de trésorerie, analytique, je recherche... »

[7] « Mondialement célèbre » manque de simplicité.

[8] « C'est pourquoi je vous adresse cette lettre accompagnée de mon curriculum vitae » : c'est une phrase creuse, sans intérêt.

[9] « Si une place de comptable se libère » : le style n'est pas assez accrocheur.

8. La rédaction

10. « De suite » constitue une erreur de langage. Il faut dire « tout de suite ».
11. « Je serais très honorée » manque de simplicité.
12. « Je formule le souhait » est une faute de langage. Il faut dire « Je forme le souhait ».
13. « Dès que possible » manque de déférence. « Le plus tôt qu'il vous sera possible » est préférable.

Les éléments conventionnels

Ils correspondent à l'en-tête, la phrase d'introduction, la proposition de rendez-vous et la formule de politesse. L'inspiration en reste assez banale, quels que soient les efforts de certains candidats.

Il s'agit surtout d'écarter les formulations les plus maladroites.

Le ton doit être déférent, sans familiarité ni flagornerie.

Méthode

1° - L'en-tête

Il indique que vous vous adressez à une personne et la saluez par cette formule.

Vous pouvez commencer par « Monsieur », formule passe-partout quand vous ignorez l'identité du correspondant.

« Madame » s'utilise chaque fois que vous savez que vous écrivez à une personne de sexe féminin.

Le C.V. et la lettre de motivation

« Mademoiselle » s'utilise seulement si cette indication vous est précisée.

Si vous connaissez les fonctions de la personne, vous pouvez les inclure, par exemple : « Monsieur le Directeur ».

Mais cela peut présenter quelquefois des inconvénients. Ainsi « Monsieur le Directeur des ressources humaines et des relations sociales » commence à être lourd à manœuvrer, et il existe plus long. Dans ce cas, il vaut mieux s'arrêter à « Monsieur le Directeur » ou « Monsieur ».

Ne cherchez pas à flatter avec des titres pompeux. Ainsi n'écrivez pas « Monsieur Jacques, Président-Directeur Général », alors que vous savez qu'il est chef de service.

N'écrivez pas « Cher Monsieur » ou « Chère Madame » lorsque vous ne connaissez pas bien la personne.

2° - La phrase d'introduction

Votre première phrase doit parler de ce qui intéresse l'autre et non pas de ce qui vous intéresse.

Montrez que vous avez identifié les besoins de l'entreprise, les profils recherchés.

« Vous recherchez un jeune technicien supérieur, titulaire d'un DUT génie thermique, pour l'exploitation d'une installation nécessitant goût et capacité du travail d'équipe. Cela rejoint mon projet. En effet... »

« Votre descriptif du poste, connaissance du TTX incluse, correspond exactement à ma formation. »

« Vous recherchez une assistante commerciale pouvant s'installer à Montargis et acceptant de se déplacer deux jours par semaine dans d'autres régions. Ces conditions me conviennent car... »

Amenez habilement le premier argument. Par exemple :

« Vous recherchez une assistante commerciale bilingue pour une entreprise de presse et de publicité. Ayant vécu six ans en Grande-Bretagne, je

8. La rédaction

parle couramment anglais. Responsable pendant deux ans du journal de mon école, autofinancé par les encarts publicitaires que j'obtenais, je suis particulièrement motivée par votre secteur d'activité. »

Montrez que vous connaissez un peu le secteur ou l'entreprise.

« Le secteur de l'automobile relève un nouveau défi avec des voitures propres, intelligentes et sûres. »

« Votre entreprise, leader mondial de ... » ou « J'ai appris que vous aviez un département communication assez important ».

Évitez les formules commerciales du type :

« Comme suite à » ;

« La présente demande tend à... » ;

« J'ai l'avantage de... ».

Évitez aussi les formules conviviales du style :

« J'ai la joie de vous présenter ma candidature » ;

« J'ai le plaisir de vous présenter ma candidature » ;

« Je suis très heureux de vous présenter ma candidature ».

Évitez de commencer par expliquer comment vous avez pris connaissance de l'emploi offert (par un salarié de l'entreprise, par le bureau des anciens élèves, lors de votre stage ou d'un travail intérimaire, etc.). S'il s'agit d'une offre par annonce, il est préférable de mentionner à part, au-dessus de l'en-tête, l'intitulé du poste, le titre du journal, la date et la référence de l'annonce. Vous gagnez ainsi de l'espace pour votre argumentation.

3° - La proposition de rendez-vous

Elle exprime votre désir d'être reçu. Elle doit laisser une impression de motivation réelle pour le poste de l'entreprise.

Le C.V. et la lettre de motivation

Exemple : « Animer, gérer, suivre, développer. Quatre verbes qui illustrent mon désir de m'associer au développement de votre service après-vente. Ils serviront aussi, si vous le souhaitez, de préliminaires à un entretien que je vous prie de m'accorder ».

Vous pouvez donner l'impression que tout n'a pas été dit dans la lettre, le C.V. ou le dossier.

Exemple (pour un maquettiste) : « Lors d'un rendez-vous que je vous prie de m'accorder, je souhaite vous montrer plusieurs des affiches que j'ai réalisées ».

La demande de rendez-vous peut se fondre avec l'affirmation du dernier argument.

Exemple (pour une secrétaire médicale) : « Pendant deux ans, je me suis occupée d'une personne handicapée avec qui j'ai établi immédiatement un bon contact. Vous jugerez facilement de mes qualités relationnelles lors d'un rendez-vous que je vous prie de m'accorder ».

Vous pouvez préciser vos disponibilités, si vous travaillez provisoirement ou si vous ne résidez pas dans la même région.

Exemple : « Travaillant actuellement à Metz, je pourrais me rendre dans vos locaux pendant la première quinzaine du mois de mars » ou « Si cela était possible, je préférerais être convoqué après 17h30 ».

4° - La formule de politesse

Évitez « les meilleurs sentiments » autant que les « dévouées salutations », « les remerciements empressés », « ma parfaite reconnaissance » et autre « admiration particulière » qui sont excessifs ou trop familiers.

La formule de l'en-tête doit être reprise intégralement dans la formule de politesse : « Je vous prie d'agréer, Monsieur le Directeur, l'expression... » si vous avez utilisé « Monsieur le Directeur » en-tête.

Ne faites pas précéder la formule de politesse de « Dans l'attente de », « En vous souhaitant bonne réception », « Dans l'espoir que ma candida-

8. La rédaction

ture », etc. Cela sous-entend que vous ne lui accordez vos sentiments distingués qu'à cette condition.

Si vous répondez à une lettre, ne recopiez pas systématiquement la formule de politesse dont votre correspondant s'est servi. Il n'est pas dans la même position et son statut professionnel est différent. Par exemple, s'il met « Veuillez agréer », écrivez « Je vous prie d'agréer », formule plus déférente.

Ne dites pas : « Je vous prie d'agréer à l'expression » mais « d'agréer l'expression ».

Ne dites pas : « Je vous prie de croire en l'expression » mais « Je vous prie de croire à l'expression » (on croit en quelqu'un ou à quelque chose).

Voici quelques exemples de formules de politesse :

« Je vous prie d'agréer, Monsieur, l'expression de mes salutations distinguées. »

« Je vous prie de croire, Monsieur, à l'assurance de ma considération. »

« Je vous prie de recevoir, Monsieur, l'expression de ma parfaite considération. »

« Je vous prie de croire, Monsieur, à l'expression de mes sentiments distingués. »

« Je vous prie d'agréer, Monsieur le Directeur, l'expression de mes sentiments respectueux. »

« Je vous prie d'agréer, Monsieur, l'expression de ma considération très distinguée. »

« Je vous prie d'agréer, Madame, l'expression de mes respectueux hommages. »

Le C.V. et la lettre de motivation

Les 17 erreurs de Jean Eymard

Dans la lettre de Jean Eymard ci-dessous, trouvez au moins 17 erreurs de présentation, de style, de rédaction. La correction se trouve à la page suivante.

1° - Lettre manuscrite de Jean Eymard

Jean Eymard
4, rue des Martyrs
95470 Fosses

Mr G. Lemaural
Directeur du personnel
Société Le Gai Luron
3, avenue de la Veuve Joyeuse
78370 Plaisir

V. annonce réf. 007 Le Figaro du 3/2/03

Cher Monsieur,

Comme suite à votre annonce référencée ci-dessus pour un poste de responsable des stocks, j'ai la joie de vous présenter ma candidature.

Lors de mon stage à la société Proderam, je me suis occupé de la réception, du stockage et de l'expédition des matériaux. J'ai alors montré des qualités exceptionnelles qui ont été appréciées par mes supérieurs.

Mon sens de l'organisation et de l'ordre et d'autres qualités constituent des atouts dont j'aimerais vous convaincre lors d'un rendez-vous que je vous prie de vouloir bien m'accorder.

Dans l'attente de votre réponse, veuillez agréer à l'expression de mes sentiments les meilleurs.

8. La rédaction

2° - Correction de la lettre manuscrite de Jean Eymard

[1] Le nom et l'adresse du correspondant sont écrits trop haut.

[2] « Monsieur » n'est pas écrit en toutes lettres devant le nom du destinataire.

[3] Il manque la date.

[4] L'espace entre l'en-tête et le texte est insuffisant.

[5] « Cher Monsieur » est trop familier.

[6] « Comme suite à » est une formule commerciale inadaptée à la situation.

[7] « J'ai la joie de vous présenter ma candidature » est une formule trop conviviale.

[8] « Des qualités exceptionnelles » est un peu prétentieux.

[9] « Qui ont été appréciées par mes supérieurs » : les résultats ne sont pas quantifiés. C'est une erreur majeure.

[10] « Vous convaincre » est maladroit. Il vaut mieux dire « vous entretenir ».

[11] « Vouloir bien » manque de déférence. Il faut dire « bien vouloir ».

[12] « Dans l'attente de votre réponse » : cette formule est à bannir, car elle sous-entend que le destinataire de la lettre n'est salué qu'à cette condition.

[13] « Veuillez agréer » manque de déférence. Il vaut mieux écrire « Je vous prie d'agréer ».

[14] L'en-tête « Monsieur » n'a pas été repris dans la formule de politesse.

[15] « Agréer à l'expression ». Il faut dire « agréer l'expression ».

[16] « L'expression de mes sentiments les meilleurs » est trop familier.

[17] Le texte débute trop haut.

Troisième partie

Pour aller plus loin

Chapitre 9
Un exemple complet de réalisation de C.V. et lettre

Le portrait du candidat Jean Transsen

Le candidat Jean Transsen a vingt-deux ans. Il sort d'une école supérieure de commerce.

Après avoir suivi l'enseignement généraliste des deux premières années d'étude, il a opté pour une spécialisation en marketing la troisième année.

Pendant la durée de sa scolarité, Jean a effectué trois stages plus un "job" d'été.

Le C.V. et la lettre de motivation

Un stage ouvrier préalable était vivement conseillé par plusieurs grandes écoles dont il présentait le concours.

À l'issue de son année de classe préparatoire, il a travaillé un mois en Allemagne en qualité de manutentionnaire dans une entreprise de mécanique. Il s'est alors trouvé avec d'autres travailleurs émigrés, comme lui, mais d'origines ethniques, sociales et religieuses fort différentes. Puisqu'il fallait une expérience nouvelle, autant maximiser le changement. Il ne fut pas déçu.

Ses autres expériences eurent lieu en France.

L'été qui a suivi sa première année d'école, il se vit confier un poste de guichetier dans une banque.

En fin de deuxième année, il obtint un emploi au service marketing d'un fabricant d'électroménager. Il avait en effet souhaité que son stage fût en rapport avec l'option qu'il se proposait de suivre l'année suivante. Diverses petites missions lui furent ainsi confiées.

Il eut notamment pour tâche de réaliser l'argumentaire de vente, remis aux vendeurs de magasin, pour le dernier modèle de robot ménager vingt-quatre fonctions (RM24Fluxe).

Outre ses stages, il a travaillé deux mois d'été en qualité de pompiste dans une station d'autoroute. C'était, sur les conseils d'un de ses camarades, « un bon moyen de se faire du blé ». Il venait de passer son baccalauréat S.

Les étés précédents, il passait le mois de juillet chez son correspondant à Charlottesville en Virginie et le mois d'août à Cabourg, où ses parents possèdent une maison.

9. Un exemple de réalisation de C.V. et lettre

À part cela, Jean a tout de même quelques loisirs.

Il est joueur de rugby et capitaine de l'équipe de l'école, depuis deux ans. Il est très apprécié de ses camarades qu'il sait animer et encadrer. Il fait également preuve de méthode et d'organisation si nécessaire, lors des déplacements par exemple. Il a beaucoup contribué aux excellents résultats obtenus par l'équipe durant ces deux années.

Il s'intéresse aux arts plastiques. Il fait lui-même un peu de dessin. Il se tient au courant, visite des expositions et se rend à diverses manifestations.

Il participe à l'association « Création et tradition », dont l'objet est de promouvoir l'actualité d'un artisanat régional, persistant en France, malgré le développement des productions industrielles. Dans ce cadre, il a eu la charge de concevoir l'agencement d'une exposition itinérante d'articles de poterie régionale, présentée dans plusieurs centres commerciaux en France. Il s'est principalement attaché à ce que les objets soient mis en valeur par les éclairages et que la présentation soit décorative et attrayante.

Avant de travailler directement dans la fonction marketing, il souhaite avoir une expérience enrichissante de commercial. En premier emploi, ces postes sont plus faciles à trouver. Plus tard, cela peut lui servir pour une direction commerciale et marketing.

Aujourd'hui, il démarche, pour un poste commercial, le département boissons aromatisées d'une importante firme alimentaire dont une grande partie du chiffre d'affaires est réalisée à l'étranger, notamment dans les pays anglo-saxons.

Le CV du candidat Jean Transsen

Le C.V. de Jean Transsen doit être modifié en fonction des nouveaux atouts qu'il s'est trouvé et du poste de vendeur convoité.

Le C.V. et la lettre de motivation

Présentation de son C.V.

TRANSSEN Jean
25, rue Barbe   ①
75017 PARIS

mob : 06 00 00 00 00
mél : jeantranssen@libertysurf.fr
22 ans - né le 11.08.81

Études

	Formation École supérieure de commerce, option marketing	②
	Diplômé de l'ESLSCA	③
	(École supérieure libre des sciences commerciales appliquées)	
2002/2003	Spécialisation marketing	④
2000/2002	Formation générale : communication, gestion, économie, droit	④
1998/2000	Classe préparatoire au haut enseignement commercial à PCS Paris	
1998	Baccalauréat S	

Stages

2002 - 2 mois Fabricant électroménager - *Electro Vroum* - 58 Nevers   ⑤
• conception d'un argumentaire de vente dans le cadre du lancement   ⑥
d'un nouveau robot ménager RM24F   ⑦
• réalisation d'un support spécial pour l'argumentation de vente par   ⑧
téléphone
• recherche d'arguments à partir de propriétés techniques   ⑧
• analyse des caractéristiques du produit   ⑧

2001 - 1 mois Banque de dépôt - *Banque Occidentale de Financement* - 29 Brest   ⑤
• exécution de toutes les opérations de guichet   ⑨

2000 - 2 mois Fabrication de pièces mécaniques - *Schwartzkempf Gbmh* - Stuttgart   ⑤
• manutention   ⑨

1999 - 2 mois Distributeur produits pétroliers - *Slurp Service* - 21 Beaune   ⑤
• gestion des linéaires de la boutique, dynamisation commerciale,   ⑩
petites prestations d'assistance à la clientèle et tenue de caisse

Langues

	Anglais :	lu, écrit, parlé	(6 mois de séjour aux U.S.A.)	⑪
	Allemand :	lu, écrit, parlé	(1 mois de séjour en Allemagne)	⑫

Loisirs   ⑬

	Arts plastiques :	conception et réalisation de présentoirs originaux pour	⑭
		une exposition, vente itinérante d'articles de poterie,	
		traitement particulier des éclairages, réalisations	⑮
		graphiques	
	Rugby :	animation d'une équipe	⑯

9. Un exemple de réalisation de C.V. et lettre

Commentaires sur son C.V.

1. Il se ménage une petite place pour mettre une photo seulement si on la lui demande.

2. Il fait ressortir son niveau général de formation et sa spécialisation avant d'entrer dans le détail. Ce qui lui permet dans le même temps de montrer l'adéquation de sa formation avec le poste souhaité.

3. Il choisit une chronologie remontante qui lui permet de commencer par les arguments les plus intéressants par rapport à un poste de vente. Sa dernière année d'étude et son dernier stage sont en effet, dans ce cas, ses meilleurs atouts.

4. Il précise, en quelques concepts généraux, la nature de sa formation, ce qui lui permet de faire apparaître ses deux formations fortes (marketing et communication).

5. Il précise le cadre de ses interventions selon la règle du général au particulier, dans un souci de clarté.

6. Il détaille son stage le plus important par rapport à la démarche commerciale.

7. Il précise la nature et l'intérêt de sa mission.

8. Il liste les tâches exécutées, dans l'ordre décroissant d'intérêt pour un futur vendeur (objectif du C.V.) et non pas dans l'ordre chronologique où elles ont été effectuées.

9. Il ne " gonfle " pas artificiellement les deux stages plus banals (par rapport au contexte actuel de la recherche). S'il avait cherché un emploi dans une banque ou un service de personnel, les choses auraient été différentes.

10. Il trouve une expression pour qualifier (sans mentir) l'activité particulière qu'il a eue alors qu'il était employé officiellement en qualité de pompiste.

Le C.V. et la lettre de motivation

[11] Il commence par la langue qu'il maîtrise le mieux.

[12] Il quantifie la durée de ses séjours.

[13] Il cite seulement les deux loisirs qui démontrent des aptitudes et des compétences utiles au métier de vendeur. Il ne dit pas qu'il aime le cinéma jugeant que cela n'apporterait rien de plus.

[14] Il commence par le loisir qui fournit la meilleure expérience par rapport à la vente.

[15] Il hiérarchise les sujets toujours en considérant l'efficacité par rapport à l'objectif de vente.

[16] Il extrait de cette expérience l'élément intéressant pour un vendeur.

9. Un exemple de réalisation de C.V. et lettre

Les arguments du candidat Jean Transsen

La recherche et la sélection des atouts

Nous présentons ici le bilan réalisé par le candidat Jean Transsen selon la méthode des points forts.

Arguments	Preuve n°1	Preuve n°2	Preuve n°3
Aptitudes			
Négocier avec diplomatie	stage Allemagne	pompiste	stage marketing
Pieds sur terre	expo	stage marketing	
Organisation, rigueur	expo	rugby	
Aller au bout	stage Allemagne	stage marketing	expo
Animer, expliquer	rugby		
Ponctualité, combativité	rugby		
Compétences			
Communication	stage marketing	guichetier	Allemagne
Marketing	stage	option	
Gestion	scolaire		
Droit	scolaire		
Économie	scolaire		
Anglais	séjour 1 mois x 6	10 ans de scolarité	
Allemand	séjour 1 mois	6 ans de scolarité	
Motivations			
Goût de l'expérience	pompiste	guichetier	Allemagne
Goût pour le marketing	stage marketing	option	
Goût pour la création, l'innovation	expo	dessin	
Goût pour l'action	rugby	jobs	stages

Le C.V. et la lettre de motivation

Le classement des arguments

Jean Transsen, agissant par candidature spontanée, va se servir du modèle de classement fourni.

Il établit son canevas sur ce plan et en allant puiser les informations sur ces tableaux d'atouts.

Il tient compte également de ce qu'il a déjà fait apparaître sur son C.V.

N°	Informations transmises	Arguments	Exemples de preuves
1	Choix du secteur	Motivé par le secteur alimentaire pour les possibilités d'innovation	Expo, dessin
2	Particularités de l'entreprise	Motivé par l'activité des nouvelles boissons pour les possibilités d'innovation	Expo, dessin
		Motivé par la clientèle anglo-saxonne	Parle anglais couramment, 6 fois 1 mois dans le pays + 10 ans d'études
3	Choix du poste sollicité	Motivé par l'action	Rugby, jobs, stages
		Aptitudes à la vente	Ai négocié avec diplomatie stage en Allemagne, job de pompiste ; animation, combativité (rugby)
4	Projets à moyen terme	Motivé par le marketing	Stage marketing et option marketing
5	Études et emplois	Compétences en communication	Rugby, stages
		Compétences en marketing	Stages, option
		Compétences en anglais	Parle anglais couramment

9. Un exemple de réalisation de C.V. et lettre

La rédaction de la lettre du candidat Jean Transsen

L'exposition des arguments

L'étudiant Jean Transsen applique les principes de la méthode d'écriture développés auparavant. Il est rappelé que l'ordre proposé est facultatif.

1° - À partir de la zone 1 du canevas

En s'inspirant de la totalité des éléments contenus dans la zone 1 de son canevas, Jean Transsen propose les idées suivantes :

« Le secteur alimentaire est en perpétuelle mutation : micro-ondes, recettes minceur, produits bio, boissons aromatisées, "do it yourself", nouveau frais, plats cuisinés par les grands chefs, emballages sous vide, etc. Ce secteur me plaît pour son côté créatif. Il m'attire parce qu'on peut y avoir des idées novatrices et les mettre en application. Pas seulement pour la réalisation de recettes ou de produits nouveaux, mais aussi pour les présentations originales qui accompagnent ces produits ou recettes. Or, il se trouve que j'ai manifesté moi-même des qualités d'innovation lorsque j'ai conçu et réalisé des présentoirs originaux pour une exposition de vente itinérante d'articles de poterie. Également lorsque j'ai fait des réalisations graphiques ».

2° - À partir de la zone 2 du canevas

Puis, en s'inspirant de la zone 2, il obtient, par exemple :

« Quant à votre entreprise, je sais qu'elle propose des nouvelles boissons aromatisées et qu'elle réalise une bonne partie de son chiffre d'affaires à l'exportation, surtout avec les pays anglo-saxons ».

3° - À partir de la zone 3 du canevas

« Un poste de vente me conviendrait sûrement car il exige un goût de l'action et des qualités de négociation et de communication pour convaincre le

Le C.V. et la lettre de motivation

client. Lors de mes stages (en marketing, en station-service et en usine), de mes jobs (pompiste, guichetier) et de mes activités de capitaine d'une équipe de rugby, j'ai pu constater, de façon flagrante, que je possédais ce goût et ces qualités. Les circonstances étaient différentes, mais l'objectif était également d'arriver à persuader un interlocuteur : les vacanciers à la boutique, les vendeurs des magasins (lorsque je leur ai proposé mon argumentaire) et mes camarades de travail en Allemagne (en leur démontrant que j'étais capable de m'adapter à leur mode de vie). Je n'ai pas peur des difficultés. Je suis tenace et combatif. Je l'ai montré également dans le rugby ou pour obtenir mes stages et mes jobs d'été. »

4° - À partir de la zone 4 du canevas

« Ma formation en marketing est solide. Elle a été renforcée par un stage. Commencer par la vente est un atout supplémentaire, à mon avis, pour parvenir par la suite à une direction marketing ou une direction commerciale et marketing. D'autre part, il est plus facile de trouver un premier emploi dans la fonction commerciale. Lorsque j'aurai fait mes preuves dans la vente, je pourrai alors me lancer avec un maximum d'atouts dans la carrière marketing que je souhaite. »

5° - À partir de la zone 5 du canevas

« Je suis diplômé d'une école supérieure de commerce de Paris : ESLSCA (Ecole Supérieure Libre des Sciences Commerciales Appliquées) qui apporte une formation généraliste à la gestion. J'ai suivi en 3ème année une spécialisation au marketing. Je parle couramment anglais, ce qui constitue un " plus " pour votre entreprise puisqu'une grande partie de votre clientèle est anglo-saxonne. »

6° - In fine

L'étudiant Jean Transsen procède maintenant à la contraction et à la clarification du texte. Puis il classe ses idées dans l'ordre qui l'arrange. Dans le cas présent, il maintient l'ordre initial. Enfin, il ajoute les éléments conventionnels.

9. Un exemple de réalisation de C.V. et lettre

La lettre achevée du candidat

Le texte de la lettre finale, au style un peu accrocheur puisqu'il s'agit de la recherche d'un poste commercial, comporte 10 phrases et 136 mots (soit une moyenne de 13,6 mots par phrase).

Jean Transsen
25, rue Barbe
75017 Paris
mob : 06 00 00 00 00

Monsieur I. Graique
Responsable du recrutement
Société Ikse
7, avenue Komenfehr
67000 Strasbourg

Paris, le 10 mai 2003

Monsieur,

Le secteur alimentaire ne cesse d'innover : boissons aromatisées, produits bio, recettes minceurs... Ce marché m'attire car j'ai un penchant pour la créativité. J'ai notamment conçu et réalisé des présentoirs et graphismes originaux.

Votre entreprise fabrique des produits novateurs que j'aimerais pouvoir promouvoir, en particulier auprès de votre clientèle anglo-saxonne.

C'est pourquoi je sollicite un poste commercial dans votre société. Trois stages et différents loisirs illustrent mes aptitudes à l'action et à la négociation.

De plus, une forte pratique de la vente me semble nécessaire pour aborder dans les meilleures conditions la carrière marketing que j'ai préparée.

Diplômé d'une grande école de commerce, option marketing, je parle couramment anglais.

Vous pourrez juger facilement de mes aptitudes relationnelles lors du rendez-vous que je vous saurais gré de m'accorder.

Je vous prie d'agréer, Monsieur, l'expression de mes sentiments distingués.

Chapitre 10
Règles communes au C.V. et à la lettre

L'envoi

L'envoi par correspondance

1° - Le papier utilisé

Utilisez du papier blanc uni de 80 grammes/m² au moins, format 21 x 29,7 ou de couleur discrète et jolie (gris ou beige clair par exemple).

Utilisez le même papier pour le C.V. et pour la lettre.

N'envoyez pas du papier mal plié, chiffonné, tâché, agrafé.

Ne liez pas vos documents par une agrafe ou un trombone.

Pliez votre papier soigneusement.

Le C.V. et la lettre de motivation

2° - L'affranchissement

N'omettez pas d'affranchir et affranchissez suffisamment.

N'envoyez pas d'enveloppe timbrée pour la réponse, sauf indication contraire. Il faut laisser au destinataire la liberté de vous contacter avec la méthode de son choix : téléphone, courrier électronique, courrier postal...

L'envoi par courrier électronique

Certaines entreprises vous permettent de poser votre candidature en lignes. Si ce n'est pas le cas, envoyez un e-mail.

1° - Candidature en lignes

Remplissez toutes les fenêtres qui vous concernent sans en oublier.

Pour vous faciliter la tâche, disposez de tous les renseignements à portée de main.

Pour gagner du temps, utilisez le copier-coller quand vous le pouvez.

2° - Candidature par courrier électronique

Renseignez-vous sur l'adresse électronique à laquelle vous pouvez poser votre candidature, sur le nom et la fonction du destinataire.

Insérez aussi votre C.V. et lettre dans le corps de l'e-mail. Lorsque le destinataire ne vous connaît pas et n'attend pas particulièrement votre envoi, rédigez sur e-mail quelques mots d'accompagnement et placez ensuite votre C.V. et votre lettre de motivation en pièces jointes mais également dans le corps de l'e-mail. Car, le destinataire risque de ne pas ouvrir les pièces jointes par crainte des virus.

Évitez les envois groupés. Si vous envoyez votre candidature à plusieurs personnes, mettez une adresse e-mail pour chacun. Ceci pour éviter qu'il

10. Règles communes au C.V. et à la lettre

ait accès à la liste complète des autres destinataires. N'utilisez pas la fonction copie (cc) ou copie cachée (cci) qui indiquent qu'il s'agit d'un mailing.

Veillez au bon format de vos pièces jointes. Enregistrez vos fichiers sous un format banal pour des raisons de compatibilité.

Les sujets à ne pas aborder

Ces sujets sont éventuellement à aborder à l'entretien et seulement au moment opportun.

Les salaires actuels ou les prétentions

N'indiquez pas spontanément vos rémunérations actuelles ou vos prétentions. Si elles sont trop ou pas assez élevées, cela vous desservira. Vous risquez de ne pas être convoqué.

Certains motifs de départ

N'indiquez pas les conflits, les licenciements, les problèmes personnels qui sont à l'origine de votre départ. Vous pourrez plus facilement en parler lors de l'entretien.

Chapitre 11
Tests d'évaluation du C.V. et de la lettre

Tests d'évaluation du C.V.

Effectuez l'auto-évaluation de votre C.V. ou faites réaliser cette évaluation par une autre personne.

LA DISPOSITION	OUI	NON
Découpe les informations en rubrique		
Saute des lignes		
Crée des retraits différents		
Utilise différentes options graphiques sans excès		

LA CONCISION	OUI	NON
Supprime les indications superflues		
Supprime les répétitions inutiles		
Regroupe les informations semblables		
Condense les informations		
Ne développe pas les informations accessoires		

LA RATIONALISATION	OUI	NON
Choisit un seul ordre chronologique		
Utilise un style rédactionnel unique		
Réserve la même place aux informations de même nature		

Le C.V. et la lettre de motivation

	OUI	NON
Utilise des mots de même nature pour des informations comparables		
Donne les mêmes détails de renseignements pour ce qui est comparable		
Utilise les mêmes options graphiques pour les informations de même type		

LA PRÉCISION	OUI	NON
Commente suffisamment		
Indique le niveau pour chaque langue pratiquée		
Met une photo si elle est exigée ou si elle lui est favorable		
N'induit pas en erreur sur ses diplômes		
Ne cache pas systématiquement un changement d'orientation		
Spécifie sa nationalité si nécessaire		

L'ORIENTATION	OUI	NON
Se définit en quelques mots		
Place ses meilleurs atouts en priorité		
Hiérarchise ses qualifications		
Renforce sa spécialisation		

11. Tests d'évaluation du C.V. et de la lettre

Tests d'évaluation de la lettre

Effectuez l'auto-évaluation de votre lettre de motivation ou faites réaliser cette évaluation par une autre personne.

L'ADAPTATION	OUI	NON
Met en valeur des atouts sécurisants (niveau de formation, références professionnelles, niveau de responsabilité assumé, objectifs fixés atteints, qualités pour le poste proposé, réalisations marquantes menées à terme, familiarisation avec méthodes de travail pratiquées dans l'entreprise etc.)		
Met en valeur des atouts originaux (sur expérience professionnelle ou de stage, formation, travaux réalisés dans le secteur d'activité ou l'entreprise, apport de débouchés nouveaux etc.)		

L'ARGUMENTATION	OUI	NON
Donne des preuves de ses aptitudes (résistance à la fatigue, puissance de travail, sens de l'initiative, esprit de décision, combativité, ténacité, application, aptitude au commandement, adaptation au milieu, faculté d'assimilation, esprit de coopération, diplomatie, tact, sens des responsabilités, honnêteté, fidélité à ses engagements, faculté d'observation, facilité d'expression, faculté		

Le C.V. et la lettre de motivation

	OUI	NON
d'écoute, goût de l'action, pragmatisme, sens pratique, capacité d'abstraction, esprit d'analyse, esprit de synthèse, sens de l'organisation, curiosité, ouverture d'esprit, imagination, créativité, innovation, objectivité, sens critique, rigueur intellectuelle, égalité d'humeur, résistance aux agressions, aptitude à convaincre, aptitude à négocier, etc.)		
Donne des preuves de ses compétences (professionnelles, stages, jobs d'été, vie associative, vie scolaire, enquêtes, études, travaux pratiques, encadrement d'une équipe, techniques de base, options choisies, langues étrangères, langages techniques, méthodes de travail, hobbies, sports, culture générale, connaissances artistiques, etc.)		
Donne des preuves de ses motivations (créer, imaginer, innover, assumer des responsabilités, prendre des décisions, mener à son terme une réalisation, s'engager, dynamiser, entraîner une équipe, établir des relations sociales, s'enrichir par la confrontation, organiser, calculer, rédiger, se déplacer, rechercher des informations, improviser, vérifier, expliquer, apprendre aux autres, recevoir des doléances, réparer les erreurs, respecter les délais, les horaires, travailler dans une ambiance hostile, etc.)		

11. Tests d'évaluation du C.V. et de la lettre

LA RÉDACTION	OUI	NON
Présentation adaptée (lettre manuscrite ou dactylographiée)		
Orthographe vérifiée et sans faute		
Écriture lisible, propre, à l'encre noire ou bleue (pour la lettre manuscrite)		
Texte limité à une page		
Bonne présentation (avec mention en haut à gauche du nom, prénom et adresse, du n° de téléphone et de l'adresse e-mail, inscription à droite du nom, fonction et adresse du destinataire, début du texte après le premier tiers de la page, saut d'une ligne pour séparer les paragraphes)		
Lettre datée et signée, copie conservée		
Phrases courtes		
Résultats quantifiés		
Style précis, explicite, déférent, actif, accrocheur, simple, personnel, adapté (mode à l'indicatif ou au conditionnel) à la 1ère personne...		
Absence de répétitions		
Absence de supplications, de phrases creuses		
Pas d'erreurs de langage		

Chapitre 12

Informations complémentaires sur la recherche d'emploi

L'entretien de motivation[1]

Ne préparez pas au dernier moment votre entretien. Réfléchissez à l'avance à vos réponses aux questions les plus classiques. Cette réflexion préalable peut être utile non seulement pour vos futurs entretiens mais aussi pour vos C.V. et lettres de motivation.

Pour tester votre préparation, essayez de répondre aux questions suivantes :

Qui êtes-vous ?

Votre réponse : ....
....
....
....

Quel bilan tirez-vous de votre parcours professionnel (ou de vos stages, de vos jobs, de votre formation) ?

Votre réponse : ....
....
....
....

---

[1] Pour en savoir plus, cf. *L'entretien de motivation* des mêmes auteurs, Eyrolles Pratique, 2e édition 2006.

Le C.V. et la lettre de motivation

Pourquoi avez-vous choisi ce métier ?

Votre réponse : ....
....
....
....

Ne pensez-vous pas être trop jeune (ou trop vieux) pour ce poste ?

Votre réponse : ....
....
....
....

Quel est votre meilleur atout professionnel ?

Votre réponse : ....
....
....
....

12. Informations complémentaires

Que connaissez-vous de notre société ?

Votre réponse : ....
....
....
....

Pourquoi notre entreprise vous intéresse-t-elle particulièrement ?

Votre réponse : ....
....
....
....

Qu'attendez-vous d'un emploi, hors la rémunération ?

Votre réponse : ....
....
....
....

Le C.V. et la lettre de motivation

Quelle est votre définition d'un bon professionnel ?

Votre réponse : ....
....
....
....

Quelles sont les tâches professionnelles que vous aimez le moins et pourquoi ?

Votre réponse : ....
....
....
....

Quelles sont les tâches professionnelles que vous aimez le plus et pourquoi ?

Votre réponse : ....
....
....
....

12. Informations complémentaires

Quelle serait la meilleure raison de vous embaucher plutôt qu'un autre candidat aussi qualifié et expérimenté ?

Votre réponse : ....
....
....
....

Qu'est-ce qui est le plus important pour vous dans la vie ?

Votre réponse : ....
....
....
....

Que faites-vous si nous vous annonçons que notre recrutement est retardé de six mois ?

Votre réponse : ....
....
....
....

Le C.V. et la lettre de motivation

Qu'est-ce que vous détestez le plus ?

Votre réponse : ....
....
....
....

Quel type de patron aimeriez-vous avoir ?

Votre réponse : ....
....
....
....

Pourquoi êtes-vous au chômage ?

Votre réponse : ....
....
....
....

12. Informations complémentaires

Entraînement à la recherche d'un emploi [2]

ANPE - Agence nationale pour l'emploi
http://www.anpe.fr

L'ANPE propose des formations professionnelles et donne aussi des conseils pour rechercher un emploi, bâtir son projet professionnel, rédiger son C.V. et sa lettre de motivation, préparer son entretien.

Sur le site ANPE, vous pourrez déposer vos profils, C.V., vous abonner aux offres d'emploi, connaître l'adresse de l'ANPE dans votre région, consulter les offres d'emploi, vous informer sur les métiers et les aides à l'embauche.

APEC - Association pour l'emploi des cadres
http://www.apec.fr

L'APEC propose des formations professionnelles (notamment en bilans et accompagnements de projet) et donne aussi des conseils personnalisés pour faire évoluer sa carrière, retrouver un emploi ou trouver un premier emploi.

Sur le site APEC, vous pourrez consulter les offres d'emploi, recevoir votre sélection d'offres par e-mail, gérer vos candidatures en ligne, mesurer votre marché, vous faire repérer par les entreprises qui recrutent, vous inscrire à l'hebdomadaire *Courrier Cadres*, connaître l'adresse de l'APEC dans votre région.

---

[2] Pour en savoir plus, cf. *Faites le bilan de vos compétences*, de Patrick de Sainte Lorette et Corinne Goetz, Eyrolles Pratique, 2006.

Le C.V. et la lettre de motivation

**IRSEP - Institut des relations sociales
et de l'efficacité personnelle, à Paris
e-mail : irsep@yahoo.fr - tél. 01 45 24 55 08**

L'IRSEP propose un bilan et des conseils en un cours particulier de deux heures avec utilisation d'un magnétoscope si nécessaire pour mieux diriger sa recherche d'emploi, mettre en valeur son projet professionnel, être plus performant dans la rédaction de son C.V. et de sa lettre de motivation, être plus convaincant lors des entretiens de sélection.

L'IRSEP anime également des cours particuliers de perfectionnement en entretiens de motivation et en expression orale notamment pour la recherche de stage et les concours administratifs ou d'établissements d'enseignement.

**ITEC - Institut des techniques d'expression
et de communication, à Paris
e-mail : itecformation@yahoo.fr - tél. 01 40 72 65 68**

L'ITEC propose dans les établissements d'enseignement des séminaires de préparation à la recherche de stage ou d'un premier emploi, avec analyse critique et individuelle des curriculi vitae et des lettres de motivation apportés, simulations jouées de différents types d'entretien adaptés aux étudiants concernés, sensibilisation éventuelle à certains tests.

Lors de ces séminaires d'une journée (possibilité de deux demi-journées en région parisienne), par petits groupes, des informations sont aussi données sur les critères d'évaluation, les moyens de recherche, les différentes phases d'un recrutement et d'un entretien, les erreurs à ne pas commettre, les questions les plus fréquentes.

Table des matières

Sommaire 5
Remerciements 6
Préambule 9

Première partie : Le curriculum vitæ (C.V.) 11

Chapitre 1 : La disposition 13

    Méthode 16

        Découpez les informations en rubriques. 16

        Sautez des lignes. 16

        Créez des retraits différents. 17

        Utilisez différentes options graphiques, sans excès. ... 17

    Exemple 18

        Le premier essai d'Élie Kopter 18

        Le C.V. mieux disposé d'Élie Kopter 19

        Comparaison des deux C.V. d'Élie Kopter 20

Chapitre 2 : La concision 21

    Méthode 24

        Supprimez les indications superflues 24

        Supprimez les répétitions inutiles 24

        Regroupez les informations semblables 25

        Condensez les informations 25

        Ne développez pas les informations accessoires 25

    Exemple 26

Le C.V. et la lettre de motivation

    Le premier C.V. d'Alain Provist 26

    Le C.V. plus concis d'Alain Provist 27

    Comparaison des deux C.V. d'Alain Provist 28

Chapitre 3 : La rationalisation **29**

  Méthode **32**

    Choisissez un seul ordre chronologique 32

    Utilisez un style rédactionnel unique 32

    Réservez la même place aux informations de même nature 33

    Utilisez des mots de même nature pour
    des informations comparables 33

    Donnez les mêmes détails de renseignements
    pour ce qui est comparable 33

    Utilisez les mêmes options graphiques
    pour les informations de même type 33

  Exemple **34**

    Le premier C.V. de Mehdi Kaman 34

    Le C.V. plus rationnel de Mehdi Kaman 35

    Comparaison des deux C.V. de Mehdi Kaman 36

Chapitre 4 : La précision **39**

  Méthode **42**

    Commentez suffisamment 42

    Indiquez le niveau pour chaque langue pratiquée 42

    Mettez une photo si elle est exigée ou si elle vous est favorable . . . 42

    N'induisez pas en erreur sur vos diplômes 43

    Ne cachez pas systématiquement un changement d'orientation . 43

Table des matières

    Spécifiez votre nationalité dans certains cas 43

  Exemple 44

    Le premier C.V. d'Anna Venlamüjic 44

    Le C.V. plus précis d'Anna Venlamüjic 45

    Comparaison des deux C.V. d'Anna Venlamüjic 46

Chapitre 5 : L'orientation **49**

  Méthode 52

    Définissez-vous en quelques mots 52

    Placez vos meilleurs atouts en priorité 52

    Hiérarchisez vos qualifications 53

    Renforcez votre spécialisation 53

  Exemple 54

    Le C.V. de Marie Navoil 54

    Le C.V. orienté comptable de Marie Navoil 55

    Le C.V. orienté commercial de Marie Navoil 56

    Comparaison des trois C.V. de Marie Navoil 57

Deuxième partie : La lettre de motivation **59**

Chapitre 6 : L'adaptation **61**

  Les préoccupations du recruteur 64

    Les craintes du recruteur 64

    Les attentes du recruteur 65

  Les réponses aux préoccupations du recruteur 65

    Les atouts sécurisants 66

    Les atouts originaux 68

Le C.V. et la lettre de motivation

Les attentes exprimées dans les annonces 70
    Les informations « descriptives » 70
    Les informations « alléchantes » 71
    Les informations « travesties » 72
    Méthode d'analyse d'une annonce 73

Chapitre 7 : L'argumentation **75**
    Les arguments 78
        Les compétences 78
        Les aptitudes 79
        Les motivations 79
    Méthode des points forts 80
        La recherche des points forts 80
        Le classement des points forts 81
        La sélection des points forts 82
    Méthode des preuves 82
        Le tableau des aptitudes 84
        Le tableau des compétences 85
        Le tableau des motivations 86
    Le choix des arguments selon le type de candidature 87
        Procédure de candidature spontanée 87
        Procédure de réponse à une offre d'emploi 88
    Le classement des arguments selon le type de candidature 89
        Exemple pour une recherche d'emploi par candidature spontanée . . 90
        Exemple pour une recherche d'emploi par réponse à une annonce . 91

Table des matières

Chapitre 8 : La rédaction 93

    La présentation 96

        Lettre manuscrite ou dactylographiée 96

        Méthode pour la lettre manuscrite 96

    Le style 98

        Méthode 98

        Les 13 erreurs de Rosette Delion 103

    Les éléments conventionnels 105

        Méthode 105

        Les 17 erreurs de Jean Eymard 110

Troisième partie : Pour aller plus loin. 113

Chapitre 9 : Un exemple complet de réalisation de C.V. et lettre 115

    Le portrait du candidat Jean Transsen 117

    Le C.V. du candidat Jean Transsen 119

        Présentation de son C.V. 120

        Commentaires sur son C.V. 121

    Les arguments du candidat Jean Transsen 123

        La recherche et la sélection des atouts 123

        Le classement des arguments 124

    La rédaction de la lettre du candidat Jean Transsen 125

        L'exposition des arguments 125

        La lettre achevée du candidat 127

Le C.V. et la lettre de motivation

Chapitre 10 : Règles communes au C.V. et à la lettre 129

    L'envoi 131

        L'envoi par correspondance 131

        L'envoi par courrier électronique 132

    Les sujets à ne pas aborder 133

        Les salaires actuels ou les prétentions 133

        Certains motifs de départ 133

Chapitre 11 : Tests d'évaluation du C.V. et de la lettre 135

    Tests d'évaluation du C.V. 137

    Tests d'évaluation de la lettre 139

Chapitre 12 : Informations complémentaires sur la recherche d'emploi 143

    L'entretien de motivation 145

    Entraînement à la recherche d'un emploi 151